松下啓一 ＋ 神奈川県政策
形成実践研究会 著

定住外国人
活躍政策の提案

地域活性化へのアクションプラン

萌書房

はじめに

　本書は，2017年度に神奈川県市町村研修センターが実施した政策形成研修を通じて知り合った自治体職員有志によって，まとめ上げた定住外国人政策の提案書です。

　「定住外国人の活躍」は，その研修で取り上げたテーマです。入管法には「在留」という言葉がありますが，あえて「定住」としたのは，そこに定着し，暮らしを営むという意味があるからです。外国人も同じ地域社会に暮らす一員なのだから，同じまちの仲間として，まちのために，その力を大いに発揮してほしいという素朴な思いから，このテーマを設定しました。当時は，2018年の入管法の改正以前でしたが，時代の変化の予兆を感じながら，研究を続けました。

　本書は，その時の経験と知識をベースに，最近の動向を加えて書き上げたものです。本書を貫く理念は，定住外国人の持つ多様性は，地域社会に軋轢や摩擦を生み出す課題ではなく，地域の活性化を促す貴重な「資源」であるというというものです。地域社会のさまざまな人，組織，団体が，その個性と強みを存分に発揮するという「協働」の理念の実践ともいえるものです。

　増加傾向にあるとはいえ，日本人住民と比べて，定住外国人はきわめて少数です。法制度は，依然として，外国人は管理の対象か，せいぜい共生の相手方です。その外国人に「活躍」してもらうという発想は，これまでの自治体政策には，ないものです。それゆえ，これを政策として体系化することは，容易なことではありませんが，もはや避けて通ることはできないことから，精一杯，

挑戦してみました。

　本書の執筆者たちは，自分たちの本務があり，それを目一杯や
った上で，余暇をひねり出しての原稿書きで，ずいぶんと苦労し
たようでした。それでも，きちんと原稿が出てくるのはさすがで，
そこはやはり自治体職員だと思います。

　本書が，各自治体において，定住外国人政策の立案・策定に一
歩を踏み出す一助になれば，著者としては望外の喜びです。

　　　令和2年3月

　　　　　　　　　　　　　　著者を代表して
　　　　　　　　　　　　　　松　下　啓　一

目　　次

はじめに

序　章　定住外国人活躍政策の意義

　　1　定住外国人活躍政策とは　　004

　　2　定住外国人活躍政策の概要　　006

　　3　共生と活躍　　008

第1章　在留外国人の動向

　　4　在留外国人数　　012

　　5　外国人の在留資格　　014

　　6　在留外国人の多国籍化　　016

　　7　地域ごとの多様性──神奈川県を例に──　　018

　　8　自治体ごとの濃淡──集住傾向──　　020

　　9　留学生の増加・多様化　　022

　　10　年齢区分　　024

　　11　国内で就労する外国人　　026

第2章　外国人と法制度

　　12　入管法の変遷と概要　　030

13　新入管法の解説　　032

14　外国人と住民基本台帳　　034

15　地方自治法と外国人　　036

16　外国人と福祉（生活保護など）　　038

17　ヘイトスピーチ解消法　　040

18　ヘイトスピーチ禁止条例　　042

第3章　定住外国人政策の現状(1) ──国の施策──

19　国における外国人施策の変遷　　046

20　国の省庁別施策　　048

21　暮らしやすい社会の実現　　050

22　外国籍児童生徒への教育　　052

23　国内経済の活性化　　054

24　地域社会における多文化共生　　056

第4章　定住外国人政策の現状(2) ──自治体（神奈川県）の政策──

25　自治体に暮らす外国人の意識　　060
　　　──生活の満足度や困っていることについて──

26　市町村で実施している定住外国人施策　　062

27　定住外国人の活躍が期待されるもの　　064

28　自治体内の外国人コミュニティ等の把握　　066

29　関連団体との連携　　068

30 定住外国人施策の重要性　070

31 「地域資源」としての定住外国人　072

第5章　自治体における定住外国人活躍政策の枠組み

32 基本的方向性——政策の基本理念——　076

33 活躍政策の理論——新しい公共論と定住外国人——　078

34 協働と定住外国人　080

35 活躍の範囲・対象①——政治参加（地方参政権）——　082

36 活躍の範囲・対象②——定住外国人と公務員——　084

37 活躍の範囲・対象③——行政参加（政策形成）——　086

38 活躍の範囲・対象④——外国人と消防団——　088

39 活躍の範囲・対象⑤——外国人と民生委員——　090

40 活躍の範囲・対象⑥　092
　　　——コミュニティ（自治会への参加）——

41 関係者とその役割——役割の明確化——　094

第6章　定住外国人活躍政策の体系(1)——認知・方針——

42 体系化の意義　098

43 首長のリーダーシップ　100

44 総合計画等への位置付け　102

45 現状把握　104

46 啓　発　106

47 啓発週間（月間）　108

第7章　定住外国人活躍政策の体系(2) ──基盤整備──

48　外国人の声を聴く仕組みづくり　112

49　相談体制　114

50　医療・保健・福祉サービス　116

51　災害発生時の情報発信・支援　118

52　円滑なコミュニケーションの実現　120

53　教育環境　122

54　社会保険への加入促進等　124

第8章　定住外国人活躍政策の体系(3) ──推進──

55　生活支援コーディネーター　128

56　定住外国人材バンク　130

57　起業支援　132

58　表彰制度　134

59　パートナーシップ会議　136

60　自治体間連携　138

61　関係団体間での連携　140

第9章　定住外国人活躍政策の体系(4) ──持続──

62　国の方針の明確化　144

63　人材の確保・育成　146

64　次世代教育　148

65　広域連携機関の設置　　150

66　定住外国人基本法の制定　　152

＊

おわりに　　154

定住外国人参政権論の提案

——地域活性化へのグランドデザイン——

序　章
定住外国人活躍政策の意義

1　定住外国人活躍政策とは

2　定住外国人活躍政策の概要

3　共生と活躍

定住外国人の持つ多様性（言語，文化の違い等）を「**摩擦**」ではなく，地域活性化の「**資源**」と考えて，定住外国人の**活躍**を後押しする政策である。

定住外国人に「活躍」してもらう

定住外国人活躍政策とは，定住外国人の持つ**多様性**（言語，文化の違い等）を地域内トラブルを生じさせる「摩擦」と捉えるのではなく，地域づくりのための有用な「資源」と捉え，彼らに自治体の政策形成やまちづくりに参画・協働（活躍）してもらうことで，その力を存分に発揮して，**地域の活性化**を目指す政策である。

定住外国人の持つ多様性
（言語、文化の違い）　· · · · · ·　地域内トラブルを生じさせる「摩擦」

魅力的な地域づくりのための「資源」

この発想転換が、活躍政策の源泉となる！
定住外国人を日本社会の中で、穏やかに包摂できるか。日本人政策でもある。

地域活性化の１つのアプローチ

国内では，少子高齢化などの課題への対策として，地域資源の活用による地方創生の取り組みが盛んに行われている。

地域資源はさまざまあるが，最も有用な資源は，その地域で生活をする住民である。**定住外国人も住民**で，その定住外国人に参

画，活躍してもらい，地域の活性化を図るものである。

政策づくりの視点

　政策づくりの視点は，定住外国人に存分にその力をまちのために発揮してもらうことである。

● 排除ではなく，**社会的包摂** (Social Inclusion)

　＊社会的包摂：失業や不安定雇用の拡大に伴って，生活の基礎的なニーズが欠如するとともに社会的な参加やつながりも絶たれるという「新たな貧困」が拡大した。この社会の諸活動への参加が阻まれ社会の周縁部に押しやられている状態・動態 (社会的排除・Social Exclusion) に対応して，社会参加を促し，保障する諸政策を貫く理念。

● 管理ではなく，共生にとどまらず，また活用でもなく**活躍**

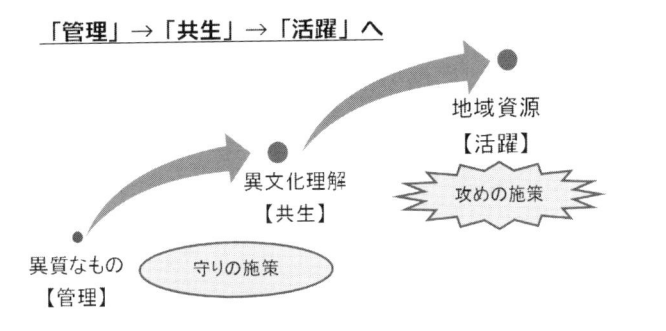

「管理」→「共生」→「活躍」へ

地域資源
【活躍】

攻めの施策

異文化理解
【共生】

異質なもの
【管理】

守りの施策

実は日本人政策でもある

　定住外国人活躍政策は，これまでの発想の転換を迫るものであるが，定住外国人を日本の社会の中で，穏やかに包摂できるのか，実は**日本人自身が問いかけられている**政策でもある。

定住外国人活躍政策の概要

> 定住外国人の持つ多様性（言語，文化の違い等）を活かして，その**主体性，協働性，創造性**を発揮できる政策とする。

活躍の対象

(1)政治参加（地方参政権）

(2)行政参加（公務就任）

(3)行政参加（政策形成）

(4)コミュニティ参加（まちづくり）

　これまでは，多言語による情報発信，日本語学習支援，文化理解の促進など外国人と日本人との摩擦をなくすための**消極的・支援的施策**が中心であった。

　この政策は，定住外国人が持てる力を発揮して，まちのために活動し，同じまちの住民として，暮らしやすいまちづくりに参加協力する**能動的・創造的・積極的施策**である。

```
┌──────────────┐                    ┌──────────────┐
│  政治参加    │                    │  行政参加    │
│（地方参政権）│                    │（公務就任）  │
└──────────────┘                    └──────────────┘
          ⬊              ⬈
              ┌──────────────┐
              │  定住外国人  │
              └──────────────┘
          ⬋              ⬊
┌──────────────┐                    ┌──────────────┐
│  行政参加    │                    │コミュニティ参加│
│（政策形成）  │                    │（まちづくり）  │
└──────────────┘                    └──────────────┘
```

活躍の内容

　新たな概念としての**トライアクション**（Tri-action）を提案する。ギリシャ語，ラテン語で「3」を表すTriと「活躍」を表すAction を合成した当研究会の造語である。

　①**コラボレーション**。地域コミュニティへの参加，外国人コミュニティと日本人コミュニティとの連携など，日本人と外国人との協力・連携を促進する。

　②**ポジティブアクション**。防災・防犯，環境保全，福祉など，住みよいまちをつくるために，定住外国人の主体的行動を促進する。

　③**クリエーション**。定住外国人の起業や多様性を活かした，起業，芸術文化活動等を促進する。

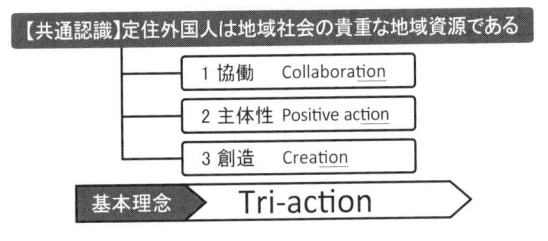

行政のスタンス

　行政が，相手に活躍を求めるのは，ある意味，押し付けがましかったり，余計なお世話でもある。定住外国人の自立（自律）がまずあって，それを「**後押し**」するのが基本スタンスである。

　これまで，ほとんど，自治体政策の対象ではなかった外国人を，「**まちの資源**」として見直し，行政の運営姿勢を問い直すという問題提起でもある。

3 共生と活躍

1人ひとりの個性や多様性が尊重され，自分らしく生きられることが**共生**であるが，その**積極的な発露が活躍**である。

共生と活躍

共生とは市民1人ひとりが，年齢，性別，性自認，障害や病気の有無，家族のかたち，職業，経済状況，国籍，文化的背景などの違いを認めた上で，お互いを尊重し合い，支え合い，多様性を認め，自らが望むかたちで社会との関わりを持ち生涯にわたって安心して自分らしく暮らすことのできることをいう。

こうした共生は，次のような実践で実現する。
①個性や多様性が尊重され，自分らしく生きられる。
②お互いを支え合い，助け合うことで，安心して生活できる。
③社会の一員として，自らが望むかたちで，あらゆる分野における活動に参画する機会を確保される。

共生の積極的発露が活躍である。定住外国人が，本来持っている力を発揮できるようにするため，定住外国人と地域・市民との連携・支援を行い，保険，医療，福祉，教育，就労その他の制度の枠を見直し，各制度間の連携を図りながら，定住外国人が活躍できるように，推進体制の構築や具体的施策を実施していくのが**「定住外国人活躍政策」**である。

共生の「失敗」から学ぶこと

ドイツは，1960年代，戦後復興による労働力不足を補うためにトルコなどから期間限定で外国人労働者を受け入れようとした。しかし，一度経験を積んだ労働者を企業側も離さず，外国人労働者はそのまま定住し，家庭をつくることになった。

日本も同じ道を歩んでいる。労働力を補うかたちで，外国人労働者は増え続け，OECDの外国人移住者統計（2015年）によると，90日以上在留予定の外国人は約39万人となり，既に加盟35カ国中4位の「**移民大国**」になっている。

ドイツの失敗は，一定期間働いたら祖国に帰るという非現実的な建前に固執したがために，多文化共生の理念のもとにすみ分けが進み，そこから孤立や貧困，対立や憎悪が生まれている。いわば定住外国人をよそ者として切り分け（見て見ぬふりをして），**同じ生活者として，彼らが地域に溶け込み，一緒に暮らすという努力**を怠ってきた結果といえよう。

共生・活躍と地方自治の役割

人が集まって一緒に暮らすようになると，さまざまな問題が起こるが，これら諸問題を地域住民で連携，協力しながら，解決してきたのが地方自治である。

この地方自治を支えるのが，自らが暮らしてきた土地に対する執着と愛情という思想（**パトリオティズム**）で，そこから連携や協力が生まれてくる。国が後追いならば，まず，地域から**パトリオティズムに裏打ちされた連携や協力**をつくっていこうというのが定住外国人活躍政策である。

【MEMO】

第1章

在留外国人の動向

4　在留外国人数

5　外国人の在留資格

6　在留外国人の多国籍化

7　地域ごとの多様性——神奈川県を例に——

8　自治体ごとの濃淡——集住傾向——

9　留学生の増加・多様化

10　年齢区分

11　国内で就労する外国人

4 在留外国人数

> 国内総人口に占める**在留外国人**の割合は，世界経済の景気変動や自然災害の影響を受けながらも，**増加**し続けている。

在留外国人の日本国内の総人口に占める割合

　2018年は，在留外国人数が過去最多となり，国内総人口に占める割合も2％を超え，過去最高になった。

　在留外国人割合は1986年から上昇を始め，1992年に1％を突破してから，増加率に変動はあるが，概ね年0.1〜0.2％程度で増加を続けている。

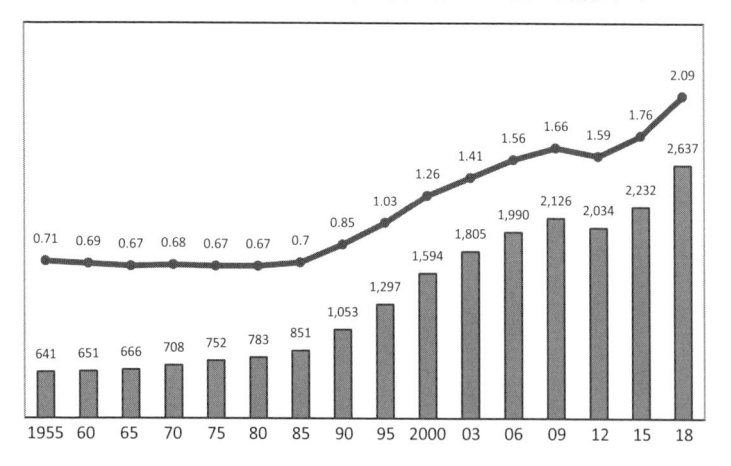

（資料）　法務省及び総務省統計局「人口推計」により作成。

在留外国人数の推移

1990年に入管法が改正され，「**定住者**」の在留資格が創設された。このことにより，2世・3世の日系人またはその配偶者は，就労制限のない「定住者」の在留資格取得が可能となり，ブラジルやペルーなどの南米諸国から，主に工場労働者として多くの外国人が来日し，在留外国人数が初めて100万人を突破した。

また，1993年には，「**技能実習制度**」の創設により，外国人研修生の滞在年数の長期化が進められ，中国をはじめとする多くの外国人が来日した。2000年には在留外国人数が150万人を超えた。

しかしながら，リーマンショックや東日本大震災などの社会的要因により，それまで増加の一途であった在留外国人数は2008年を境に減少に転じたが，景気の回復や在留資格「**高度専門職**」の創設，「**国家戦略特区**」での外国人の受け入れ促進が始まり，現在は再び増加傾向となっている。

2018年における在留外国人数は約264万人であり，この20年間で約120万人増加した。

PICK UP!　　公衆便所の初めは横浜から

幕末から明治にかけて，たくさんの外国人が日本にやってきた。その外国人の目から見て，驚いたことは，日本人の識字率の高さである。車夫のような身なりの人も新聞を読んでいると驚嘆した。武士だけでなく，商人も農民も字が読めた。

軽蔑の対象となることもあった。辻々で見られた立小便は驚きの対象だったようだ。そこで，西欧に追いつけ追い越せの日本は，あわてて立小便禁止令を出し，公衆便所をつくる。だから開港当時，多くの外国人が住んでいた横浜が公衆便所発祥の地となった。

5 外国人の在留資格

> 内訳別では「**永住者**」が最も多く，全体の約3割を占めている。
> また，近年は，「**留学**」や「**技能実習**」が大きく増加している。

在留資格で最も多いのは「永住者」

在住する外国人の在留資格で最も多いのは，「**永住者**」(75万人)で，次いで「特別永住者」(33万人)，「留学」(31万人)，「技能実習」(27万人)，「技術・人文知識・国際業務」(19万人)の順となっている。

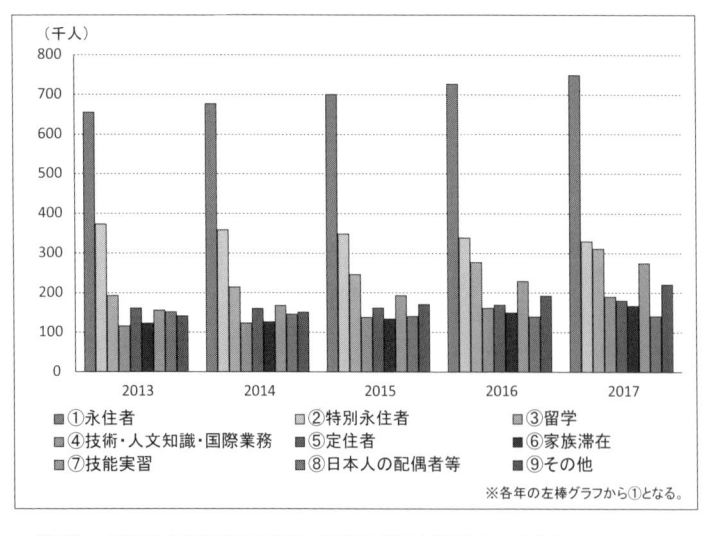

（資料）　総務省「在留外国人統計（旧登録外国人統計）」より作成。

増加する「永住者」

「**永住者**」が最も多く全体の約3割を占めており，その数は年々増加している。

「永住者」は就労や在留期間に制限がなく，更新も不要なことから，他の資格から「永住者」へ変更する外国人が多い。また，以前は資格変更するためには，原則20年間在留している必要があったが，1998年にその期間が原則10年に短縮されたことも大きな要因となっている。

減少している「特別永住者」

かつては外国人の大半を占めていた在日韓国人・朝鮮人の「**特別永住者**」は，高齢化に伴う死亡や帰化などにより年々減少している。この減少傾向は今後も続くと思われる。

大幅に増加する「留学」と「技能実習」

近年「留学」と「技能実習」の数は大幅に増加している。

「**留学**」は，国の施策として受け入れを拡大しており，卒業後に国内で就職し別の在留資格へ移行する外国人も多く，定住外国人増加の大きな要因となっている。

「**技能実習**」は，実習期間や対象職種の拡大などから，年々増加傾向にある。実習期間は最大で5年間となっているため，実習期間を終えると帰国することが前提となっていたが，今後は新たに創設された「**特定技能**」が実習期間を終了した外国人の受け皿となる。

在留外国人の多国籍化

在留外国人の国籍別割合において，過去，韓国・朝鮮が全体の約8割を占めていたこともあったが，近年，さまざまな国と地域から人々が入国したことにより**多国籍化**が進んでいる。

在留外国人の国籍別割合（韓国・朝鮮）

在留外国人の国籍別人数の推移では，1986年当時，約87万人の外国人が在留していたが，そのうち約8割にあたる約68万人を**韓国・朝鮮**の人々が占めていた。

2018年では約264万人の外国人が在留しているが，韓国・朝鮮の人々は，全体の2割を切る約48万人と，その割合と人数を大きく減らしている。

韓国・朝鮮については，特別永住者が多数を占めており，高齢化に伴う死亡や日本への帰化などが原因で**年々減少**している。

在留外国人の国籍別割合（中国・台湾）

2018年において最も多くの割合を占めるのは，**中国・台湾**の人々である。1986年当時は，全体の1割程度の約8万人でしかなかったが，留学や技能実習などの資格で来日する人々が増加した結果，さらには，1998年の永住者の資格要件緩和を受け，永住者としてとどまるケースも増えており，今では**全体の3割**を占める約80万人が在留している。

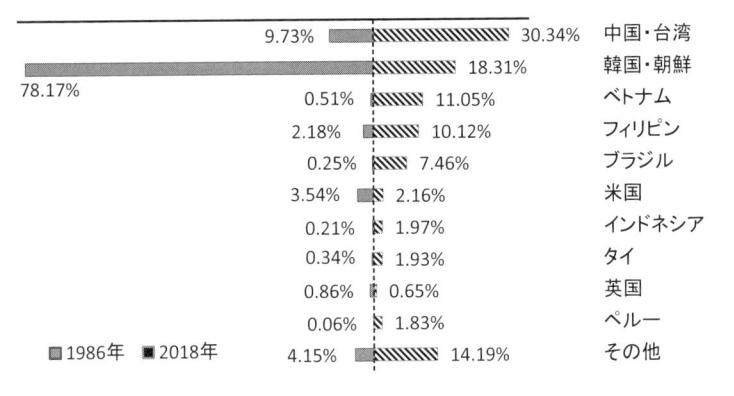

国籍別在留外国人の割合

	1986年	2018年	国籍
	9.73%	30.34%	中国・台湾
	78.17%	18.31%	韓国・朝鮮
	0.51%	11.05%	ベトナム
	2.18%	10.12%	フィリピン
	0.25%	7.46%	ブラジル
	3.54%	2.16%	米国
	0.21%	1.97%	インドネシア
	0.34%	1.93%	タイ
	0.86%	0.65%	英国
	0.06%	1.83%	ペルー
	4.15%	14.19%	その他

■1986年 ■2018年

（資料）　法務省「在留外国人統計及び出入国管理」（白書）により作成。

在留外国人の国籍別割合（その他）

　その他でも，その割合を増やしている国籍があり，特に増加が顕著なのが，**ベトナム，フィリピン，ブラジル**である。

　1986年当時は，3つの国を合わせて全体の0.3割とごく僅かな割合であったが，2018年には約10倍の3割と大幅に割合を増やしている。ブラジルは日系人が多く，ベトナムやフィリピンの増加は，留学や技能実習など新たな目的を持って来日する人々が増えたことが背景にある。

　今後も在留外国人が増加し，多国籍化がさらに進むことが予想される。宗教・文化，習慣，価値観などが違う人々が日本で暮らしていくことになるので，定住外国人も日本人も相互に努力しながら，共存の道を探っていくことが求められている。

7 地域ごとの多様性
神奈川県を例に

> 自治体ごとに国籍別構成が大きく違っている。外国人労働者を
> 必要とする産業の違いが，その背景にある。

神奈川県における在留外国人の国籍別割合

　神奈川県内における外国人の国籍別割合の上位は，中国，韓国・朝鮮，フィリピン，ベトナム，ブラジルで，これは全国と同じである（16ページ参照）。

神奈川県の外国人数／国別 TOP5

	中国	韓国・朝鮮	フィリピン	ベトナム	ブラジル
2018年	32.8	14.7	10.6	8.1	4.1
2017年	32.8	15.6	10.8	7.3	4.3
2016年	32.7	16.7	10.9	6.2	4.4
2015年	32.8	17.7	11.1	5.1	4.7
2014年	32.7	18.6	11.2	4.4	5.2

□ 中国　▨ 韓国・朝鮮　▨ フィリピン　▨ ベトナム　■ ブラジル

（注）　数値は神奈川県内の全外国人数に占める割合。目盛りは TOP5
　　　の合計を100とする。
（資料）　神奈川県ホームページ「神奈川県外国人統計」より作成。

国籍別構成では地域の特色がうかがえる

　神奈川県内の市町村において，総人口に占める外国人の割合が高い自治体に，愛川町，綾瀬市，中井町があるが，国籍別構成で見ると，**愛川町**では，ペルー，ブラジル，フィリピン，**綾瀬市**では，ベトナム，ブラジル，フィリピン，**中井町**では，フィリピン，ペルー，中国の順となっている。

　愛川町には，自動車メーカーの下請け工場を中心に，製造関連の企業が集まる内陸工業団地が存在し，ここで多くの外国人が働いている。南米からの外国人，特にペルー人とブラジル人が多い。

　綾瀬市内には，県内で3政令市に次ぐ事業所数があり，中小ものづくり企業が集積している。多くの外国人が貴重な人材となって働いており，ベトナム人，ブラジル人が多い。

　中井町は，北部を走る高速道路のインターチェンジの近くに工業団地が造成され，多くの外国人が働いてきたが，近年はコンビニエンスストア向けの食品工場の進出などにより，フィリピン人が急増している。

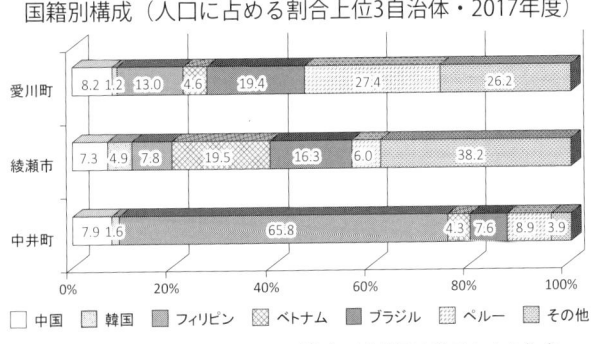

国籍別構成（人口に占める割合上位3自治体・2017年度）

（資料）　神奈川県ホームページ「神奈川県外国人統計」より作成。

自治体ごとの濃淡

集住傾向

> 外国人は**集住傾向**にあるため，外国人が際立って多い自治体が，生まれてくる。

都道府県の現状

　平成30年1月1日現在の住民基本台帳に基づく外国人人口は，250万人となっている。都道府県別に見ると，東京都が52万人と最も多く，全体のおよそ2割を占めている。次いで，愛知県，大阪府，神奈川県，埼玉県となっており，三大都市圏に外国人が多く集まっている。

　東京都，愛知県は，外国人人口及び総人口に占める外国人の割合が，ともに1位，2位となっている。他方，群馬県，三重県は，外国人人口は少ないが，総人口に占める外国人の割合は高い比率となっている。

順位	外国人人口		総人口に占める外国人の割合	
	都道府県	人　口	都道府県	割　合
1	東京都	521,502	東京都	3.82%
2	愛知県	235,320	愛知県	3.12%
3	大阪府	225,269	群馬県	2.69%
4	神奈川県	198,504	三重県	2.60%
5	埼玉県	164,182	大阪府	2.54%

　（資料）　総務省「住民基本台帳に基づく人口，人口動態及び世帯数」より作成。

■ 5人に1人が外国人の占冠村

　総人口に占める外国人人口の割合が最も高い市区町村は，北海道勇払郡**占冠村**（22.7％）である。

（シムカップ）

　占冠村には，観光地として有名な星野リゾートトマムがあり，多くの外国人が観光で村を訪れる。そのため，滞在するホテルには外国人の従業員が多く雇用されており，全人口約1500人という小さい村に比して，外国人の比率が高い自治体となっている。

■ 自治体ごとの濃淡

　群馬県は，総人口に占める外国人の割合は第3位であるが，その全35市町村のうち，外国人の割合が2％以下の市町村が25ある一方，邑楽郡**大泉町**は18.1％と，2位の伊勢崎市5.7％と比較しても突出して多くなっている。同じ県内でも自治体ごとに濃淡がある。

　大泉町がここまで高い要因としては，町内に大手自動車メーカーや大手電機メーカーの工場があり，その下請けとなる企業も多くあることから，それらの企業で多くの外国人が働いているためである。

■ 外国人は集住しやすい

　外国人は，工場や観光地など就労する場がある自治体（大泉町・占冠村）や，留学生が多く在学する自治体（大分県別府市）に集中していること多い。

　また，自治体の内部でも一部地域に集住することも多く，**川口市芝園団地**では，住民の半数以上が外国人である。

近年，**留学生**は大幅に増加している。また，**出身国・地域**も多様化している。

増加する留学生

2008年では約12万人であった留学生は，2018年では約30万人と，この10年間で2倍以上の大幅増加となっている。

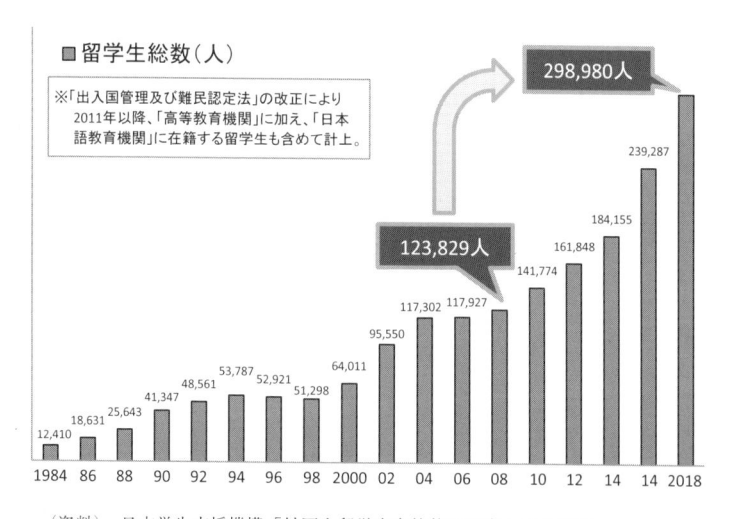

■留学生総数（人）

※「出入国管理及び難民認定法」の改正により2011年以降、「高等教育機関」に加え、「日本語教育機関」に在籍する留学生も含めて計上。

298,980人

123,829人

239,287

184,155

161,848

141,774

117,302　117,927

95,550

64,011

53,787　52,921

48,561　　　　51,298

41,347

25,643

18,631

12,410

1984　86　88　90　92　94　96　98　2000　02　04　06　08　10　12　14　14　2018

（資料）　日本学生支援機構「外国人留学生在籍状況調査」より作成。

留学生30万人計画

2008年に政府が発表した「**留学生30万人計画**」は，留学生増

加の大きな要因の1つとなっている。

　日本をより世界に開かれた国とすることを目指したこの計画では，目標として2020年を目途に留学生受け入れ30万人達成を掲げており，その目標は達成したといえる。

留学生の出身国・地域は多様化している

　2008年から2018年の10年間で，留学生総数は2倍以上に増加している。

　以前は，中国，韓国，台湾からの留学生が全体の約8割をしていたが，ベトナム，ネパールからの留学生が大幅に増加し，現在では中国に次いでいる。なお，韓国からの留学生は減少している。

| | 留学生数 | | 増加数 | 増加率 $\left(\dfrac{2018}{2008}\right)$ |
	2018年	2008年		
留学生総数	298,980	123,829	175,151	2.41
出身国・地域別留学生数（上位5か国）				
中国	114,950	72,766	42,184	1.58
ベトナム	72,354	2,873	69,481	25.18
ネパール	24,331	1,476	22,855	16.48
韓国	17,012	18,862	▲1,850	0.90
台湾	9,524	5,082	4,442	1.87

（資料）　日本学生支援機構「外国人留学生在籍状況調査」より作成。

日本に定住するきっかけ

　日本学生支援機構の調査では，卒業後の進路希望として「日本において就職希望」と回答したものが6割を超えており，留学が日本に定住するきっかけになっていることがうかがわれる。

10 年齢区分

在留外国人は，日本人に比べて，**若い年齢構成**となっており，将来の日本の総人口に大きな影響を与えると考えられる。

極めて若い年齢構成

年齢別割合を見ると，在留外国人は日本人に比べて，極めて**若い年齢構成**となっている。

生産年齢（15-64歳）では，日本人が60％であるのに対して在留外国人は85％となっている。

日本人では，40代と60代が高い割合を占めているのに対して，在留外国人では20代と30代で全体の半数以上を占めている。

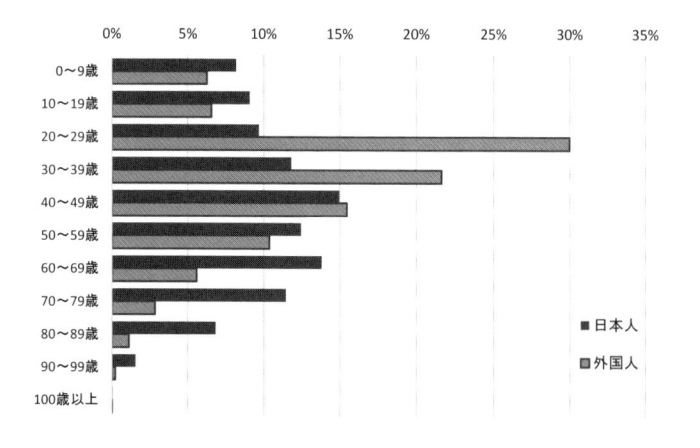

（資料）　総務省「住民基本台帳に基づく人口，人口動態及び世帯数」（2018年1月1日現在）より作成。

若い年齢構成の要因

在留資格「定住者」が創設された1990年以降に，工場労働者などとして来日したのは若い外国人であり，また，近年，増加している技能実習生や留学生も若い外国人である。

他方，オールドカマーといわれる韓国・朝鮮，台湾の特別永住者は，高齢化による死亡や帰化などにより減少していることも背景にある。

外国人を労働力として，積極的に導入する政策が採用されることで，今後，ますます，労働者として来日する外国人は増加し，**若い年齢構成**は，より一層，進んでいくことと思われる。

将来推計人口に与える影響

国立社会保障・人口問題研究所が2017年に発表した日本の将来推計人口によると，2015年の日本の総人口は1億2709万人であり，2053年には1億人を割って9924万人となり，2065年には8808万人になると推計されている。

この推計では，外国人数の変動は2015年までのデータをもとに算定した仮定値となっており，年間7万人弱の外国人が増加するものとして計算している。

しかし，実際には2017年から2018年の1年間で外国人数は約17万人増加しており，将来推計の前提を大幅に上回っている。今後も同様に外国人が増加していった場合，**将来の総人口は当初の推計を上回る**ことになる。

年齢構成の若い外国人の増加は，人口減少や超高齢社会という前提条件に微妙な影響を与えることになると思われる。

11 国内で就労する外国人

国内で就労する**外国人労働者**は，**急速に増加**しており，今後も続くと予想される。

増加する外国人労働者

2009年には56万人だった**外国人労働者**は，2018年では**146万人**となった。特に2013年以降は急速に増加しており，2013年から2018年までの5年間で2倍になった。

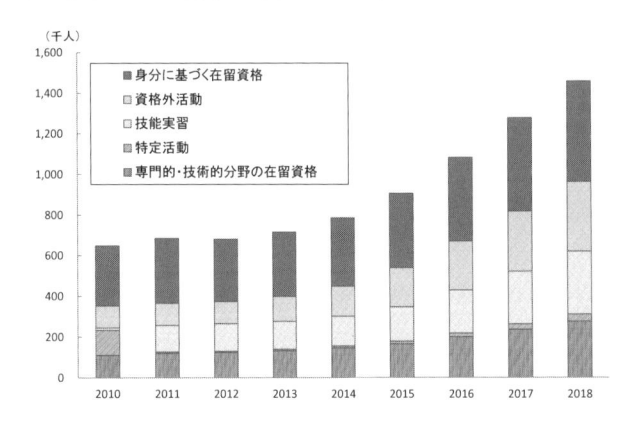

（資料）　厚生労働省「「外国人雇用状況」の届け出状況」より作成。

就労外国人の在留資格別の内訳

外国人労働者数を在留資格別で見ると，2018年では，就労に制限のない「定住者」や「永住者」などの**身分に基づき在留する外国人**が50万人と最も多く，全体の34％を占めている。

「技能実習」も31万人と全体の約2割を占めており，留学生のアルバイトなどの資格外活動の労働者も34万人になる。

大きな割合を占める技能実習

技能実習制度は，日本で培われた技能，技術または知識の開発途上地域等への移転を図り，その開発途上地域等の経済発展を担う「人づくり」に協力することを目的としている。

制度の基本理念として，労働力の需給の調整手段として行われてはならないとなっているが，実習期間の長期化や対象職種の増加など，**労働者としての役割**も大きいものとなっている。

必要不可欠な労働者としての留学生

留学生が労働者として果たす役割も大きいものとなっている。

日本学生支援機構の調査では，7割以上の留学生が何らかのアルバイトに従事しており，法律で定められた上限時間（週28時間以下）近くの週20時間以上働いている留学生も半数近くとなっている。飲食業やコンビニエンスストアなどでは，既に必要不可欠な労働者となっている。

外国人労働者の雇用状況

外国人労働者が増加する一方，劣悪な労働条件や長時間労働などの問題も生じている。2019年4月に新たな在留資格「特定技能」が創設されたことにより，今後も外国人労働者が増加することが見込まれることから，厚生労働省は「**外国人労働者の雇用管理の改善等に関して事業主が適切に対処するための指針**」を示している。

【MEMO】

第2章
外国人と法制度

12　入管法の変遷と概要

13　新入管法の解説

14　外国人と住民基本台帳

15　地方自治法と外国人

16　外国人と福祉（生活保護など）

17　ヘイトスピーチ解消法

18　ヘイトスピーチ禁止条例

入管法の変遷と概要

> **入管法**はその時々の社会情勢を反映して改正されてきた。近年は，**労働力確保**という観点からの改正が目立つ。

出入国管理及び難民認定法

「**出入国管理及び難民認定法**」(入管法) は，「本邦に入国し，又は本邦から出国する全ての人の出入国及び本邦に在留する全ての外国人の在留の公正な管理を図るとともに，難民の認定手続を整備することを目的とする」(第1条) 法律で，外国人が合法的に日本に滞在 (就労) するために必要な資格である在留資格 (2020年1月現在27種) などについて規定をしている。

入管法は法施行から現在まで，国際情勢，国内の経済状況，社会事情などを背景として，いくどか改正されてきた。

在留資格に係る入管法の主な改正

戦後，日本に在留する外国人の多くは，戦前に朝鮮半島から日本に渡ってきた韓国・朝鮮籍者とその子孫で占められていた。

1980年代に入るとバブル景気を背景とした人手不足から，外国人労働者の受け入れを望む声が高まり，1990年の法改正により，「**定住者**」の在留資格を創設し，日系3世までの子孫及びその配偶者に対し，一部の例外を除く就労可能な地位を与えた。その結果，短期間の間に南米諸国から多くの日系人が来日し，電機や輸送機器の製造拠点周辺に集住した。

```
1990年    在留資格の再編,「定住者」の創設
1993年    技能実習制度の開始
2006年    「特定活動」の創設
2009年    新たな在留管理制度の導入,「技能実習」の創設
2014年    「高度専門職」の創設
2018年    在留資格「特定技能1号」「特定技能2号」の創設
```

　1993年の法改正では,日本の技能,技術または知識を開発途上地域などへの移転を図り,経済発展を担う人材を育成することを目的とした**技能実習制度**がスタートしたが,労働者確保という側面があったことは否めない。

　また,2006年の法改正では,法務大臣が個々の外国人について特に指定する活動により在留を許可する在留資格である「**特定活動**」が,2014年の法改正では,優秀な外国人を日本に呼び込み,日本国内の活性化を目的とした在留資格である「**高度専門職**」が創設された。

入管法の今後

　2018年の法改正では,少子高齢化の進行,深刻な人手不足を背景に,外国人材の受け入れを拡大するため,就労を目的とした新たな在留資格である「**特定技能**」が創設された。

　少子高齢化が進行する日本においては,人材確保という観点から,今後も入管法が改正されていくことになると思われる。

PICK UP! 　「定住者」の創設に伴い発生した集住都市

在留資格「定住者」の創設に伴い発生した代表的な集住都市には,静岡県浜松市,愛知県豊田市,三重県四日市市,群馬県大泉町などがある。

13　新入管法の解説

2019年より，特定技能の在留資格が創設され，**単純業務に従事する外国人**の受け入れが可能になった。

2018年の入管法改正

　「**経済財政運営と改革の基本方針2018**」では，中小・小規模事業者をはじめとした深刻な人手不足を解消するため，従来の専門的・技術的分野における外国人材に限定せず，即戦力となる外国人（非高度外国人材）を幅広く受け入れていく仕組を構築する必要があると明記された。

　この方針転換を受けて2018年に入管法が改正され，就労を目的とした新たな在留資格である「**特定技能**」が創設され，2019年4月から施行された。

在留資格「特定技能」の創設

　今までの法制度では，いわゆる単純業務に従事が可能な在留資格は「技能実習」のみであった。しかしながら，技能実習は，途上国への技能移転による国際貢献を目的とする在留資格であるため，最長5年間の実習期間を満了すると帰国しなければならないという制約があった。

　法改正により新たに創設された「**特定技能**」では，一定以上の技能実習経験があるか，定められた日本語能力やビジネススキルの試験に合格するなどの要件はあるが，**最長10年間**は，日本で

就労することが可能となった。

特定技能の内容

(1)特定技能1号

特定産業分野(14業種)にあって，相当程度の知識または経験を必要とする技能を要する業務に従事する在留資格。**最長5年の滞在**が許可されているが，家族の帯同は認められていない。なお，政府は特定技能1号での今後5年間の最大受け入れ見込み数を約35万人と推計している。

(2)特定技能2号

特定産業分野に属する熟練した技能を要する業務に従事する在留資格。家族の帯同も許可されており，**滞在期間を更新することも可能**。現時点では建設業，造船舶用工業の2業種が認定されており，2021年から技能試験の開始が予定されている。

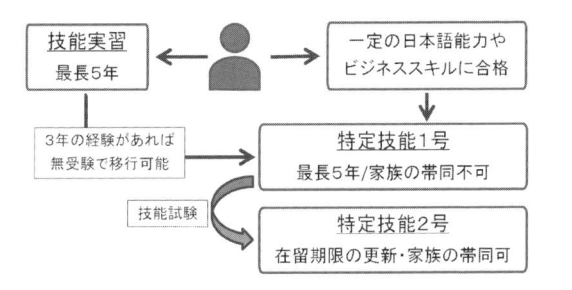

特定技能1号における特定産業

PICK UP!

特定技能1号の特定産業は，漁業，飲食料品製造業，外食産業，介護職，農業，宿泊業，ビルのクリーニング業，素形材産業，産業機械製造，航空業，電気及び電子機器関連産業，自動車整備業，建設業，造船及び船舶工業の14業種。

14 外国人と住民基本台帳

> 外国人住民も**住民基本台帳制度の対象**となったことで，定住外国人の「住民性」がより明確になった。

外国人登録制度

　外国人登録制度は，かつて市町村と特別区の業務として行われていた外国人住民を登録管理する制度である。外国人本人の申請に基づき，市区町村がその管内に居住する外国人の外国人登録原票を保管し，現住所の証明，人口の調査などに利用されていた。

　また，市区町村長は，外国人登録証明書を交付することができた。この証明書は証明写真付きカード形式で，外国人の身分証明書として用いられていた。

外国人と住民基本台帳

　日本に在留する外国人の増加を背景に，市区町村が，日本人と同様に，外国人住民に対し基礎的行政サービスを提供する基盤となる制度の必要性が高まった。

　そこで，住民基本台帳法が改正され，**外国人住民も住民基本台帳法の適用対象**とし，外国人住民の利便の増進及び市区町村等の行政の合理化を図ることになった（2012年7月施行）。

　対象者は，適法な在留資格を有し，在留期間が3カ月を超える外国人住民で，翌年2013年7月からは，住基ネット及び住基カードについても運用が開始された。

外国人住民及び行政のメリット

(1)外国人住民のメリット

● 外国人を含めた世帯全員を記載した住民票の写しなどの交付が可能となった。

● 市町村間の転出入に際して，住民基本台帳と国民健康保険など，各種行政サービスの届出との一本化が図られ手続きが簡素化された。

● 法改正以前は，在留資格や在留期間などの変更があった場合，地方出入国在留管理局と市町村それぞれに申請する必要があったが，法改正後は情報共有がされ，それぞれに申請する必要はなくなった。

(2)行政のメリット

● 住民基本台帳は住民に関する事務処理の基礎となるものであるため，外国人住民の国民健康保険や年金，介護などの行政サービスとの連携，効率化が図られた。

● 複数国籍世帯（外国人と日本人で構成する一の世帯）について，より正確に世帯構成を把握することが可能となった。

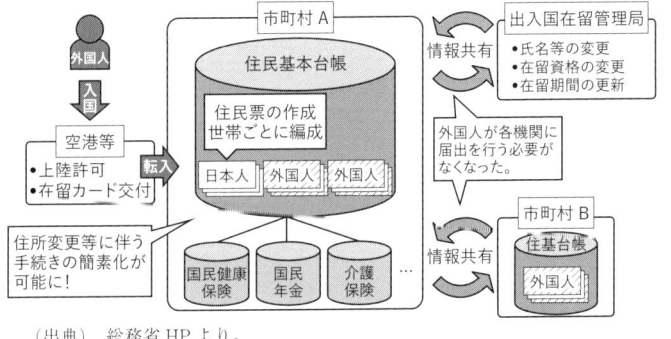

（出典）　総務省HPより。

15 地方自治法と外国人

> 地方自治法の「住民」には外国人も含まれ，住民の権利は，外国人にも認められる。ただし「日本国民たる普通地方公共団体の住民は」と限定されているものは，外国人には認められない。

住民の概念

住民とは，市町村の区域内に住所を有する者（10条1項）である。自然人の場合，「生活の本拠」（民22条）が住所である。一定の場所が生活の本拠にあたるか否かは，

①住居，職業，生計を一にする配偶者その他の親族の存否，資産の所在等の客観的事実

②居住者の言動等により外部から客観的に認識することができる居住者の居住意思

を総合して判断するのが相当である（最高裁昭和27年4月15日判決）。

住民には自然人及び法人が含まれる。住民については，国籍，年齢，行為能力等は一切問われない。したがって，**外国人も地方自治法の住民**である。

在留外国人数の推移

地方自治法の規定する**住民の権利**は次の通り。

● 役務の提供をひとしく受ける権利負担を分任する義務（10条）

● 施設の平等利用権（242条2項）

● 住民監査請求権（242条1項）

- 住民訴訟の提起（242条の2）

外国人が有しない権利（主権者としての住民の権利）

　主権者としての住民の権利は，外国人は保有していない。地方自治法では，「日本国民たる普通地方公共団体の住民は」と規定している。

- 選挙権・被選挙権（11条）
- 条例の制定改廃請求権（12条1項）
- 事務監査請求権（12条2項）
- 議会の解散請求権（13条1項）
- 解職請求権（13条2項，3項）

他の法律によって同種の制度が認められている。

- 市町村合併協議会設置等の請求（旧市町村の合併の特例等に関する法律第4条）
- 教育委員会の委員の解職請求（地方教育行政の組織及び運営に関する法律第8条）

PICK UP!　留学生が地域の活力と財源を生み出す存在に
（北海道東川町）

　北海道東川町は，人口8382人（2018年12月末）の町であるが，2015年に全国で初めて自治体が運営する日本語学校を設立した。留学生の受入れ促進のために，町は学費の半分を負担し，家賃補助，生活費支援等を行っている。これら留学生支援経費は，特別交付税等で賄うとともに，授業料は町の収入になり，留学生が町で消費することで，地域経済が活性化するといった経済循環効果を意識している。また留学生による人口増加は地方交付税の確保にもつながってくる。

外国人と福祉 （生活保護など）

在留資格によって，外国人が利用できる**福祉サービスが異なる**。
ただし，納税や年金加入などの**義務も果たす**必要がある。

在留資格と社会保障制度

　我が国では，国民皆保険，国民皆年金の社会保障制度が整備さ
れているが，それらを利用するには「税金を払う」「公的医療保
険や年金に加入する」などの義務を果たす必要がある。

　義務を果たすことを前提に，**定住外国人が利用できる社会保障
制度**（サービス）をまとめると，右ページのようになる。特別永住
者や「身分や地位に基づく在留資格」（永住者，日本人の配偶者等，
永住者の配偶者等，定住者）と，それ以外の在留資格で分けること
ができる。

生活保護の対象となる外国人

　「すべて国民は，健康で文化的な最低限度の生活を営む権利を
有する」（憲法第25条）。憲法が保障するのは，「国民」であるが，
人道上の観点から，行政措置として，外国人も生活保護法の対象
になるとしている。

【生活保護の対象となる外国人】

　(1)入管法別表2の在留資格を有するもの（永住者，定住者，永住
　　者の配偶者，日本人の配偶者等）

　(2)日本国との平和条約に基づき日本の国籍を離脱した者等の出

入国管理に関する特例法の特別永住者（在日韓国人，在日朝鮮人，在日台湾人）

(3)入管法上の特定難民

在留資格別サービス等利用（可否）一覧

在留資格		就労の可否	納税の義務	国民健康保険 介護保険 国民年金 子どもの予 防接種 乳幼児医療費 の助成	生活保護	障害者手帳 の交付
特別永住者		○	○	○	○	○
身分や地位に 基づく在留資格		○	○	○	○	○
特定活動		△	○	△	×	△
原則として 就労活動が 認められない 在留資格		△	○	△	×	△
就労可能な 在留資格	技能実習	○	○	○	×	○
	その他	△	○	△	×	△
在留資格なし		×	○	△	×	×

（出典）　公益財団法人 愛知県国際交流協会『「多文化」ってこういうこと』。

17 ヘイトスピーチ解消法

> 本邦外出身者に対する不当な差別的言動の解消に向けた取組の推進に関する法律（ヘイトスピーチ解消法）は，外国人や外国にルーツがあることを理由にする**不当な差別的言動**を禁じた。

背　　景

①人種差別撤廃条約…日本も加盟している「市民的及び政治的権利に関する国際規約」，「あらゆる形態の人種差別の撤廃に関する国際条約」においては，加盟国は，差別の扇動等を法律によって禁止することが求められている。

②立法事実…在日韓国人・朝鮮人の集住地域において，本邦外出身者の排斥を訴える内容のデモが，ひんぱんに実施された。

調査から（法務省）

「日本で過去5年の間に，外国人であることを理由に差別的なことを直接言われたことがありますか」では，「よくある」(2.7％)，「たまにある」(27.1％)で，29.8％に上る。

その相手は，「見知らぬ人」(53.3％)，「職場の上司や同僚・部下，取引先」(38.0％)，「近隣の住民」(19.3％)の順となっている。

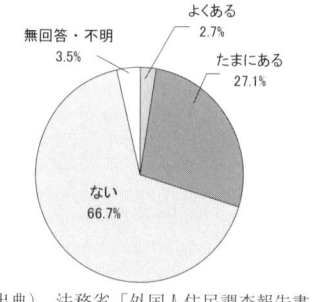

（出典）　法務省「外国人住民調査報告書」。

基本理念

　国民は，本邦外出身者に対する不当な差別的言動の解消の必要性に対する理解を深めるとともに，本邦外出身者に対する不当な差別的言動のない社会の実現に寄与するように努めなければならない（第3条）。

地方自治体の責務

【国や自治体の役割】（第4条）

- 国は本邦外出身者に対する不当な差別的言動の解消に向けた取組を実施する。また，地方自治体が実施する施策に対する助言等の措置を講ずる。
- 自治体は，地域の実情に応じた施策を講ずるように努める。

【基本的施策】

　①相談体制の整備（第5条）

　②教育の充実等（第6条）

　③啓発活動等（第7条）

【附帯決議（参議院法務委員会）（要旨）】

- 「本邦外出身者に対する不当な差別的言動」以外のものならば，いかなる差別的言動であっても許されるとの理解は誤り。
- 不当な差別的言動の内容や頻度は地域によって差がある。地域社会に深刻な亀裂を生じさせている自治体は，国と同様に，その解消に向けた取り組みに関する施策を着実に実施すること。
- インターネットを通じて行われる本邦外出身者等に対する不当な差別的言動を助長し，又は誘発する行為の解消に向けた取り組みに関する施策を実施すること。

18 ヘイトスピーチ禁止条例

> ヘイトスピーチ解消法第4条第2項の規定に基づき，市の実情に
> 応じた施策を講ずることにより，**本邦外出身者に対する不当な
> 差別的言動の解消**に向けた取組を推進する条例である。

目　的

　ヘイトスピーチ解消法第4条第2項の規定に基づくもので，ヘ
イトスピーチに対して，市の実情に応じた施策を講ずることによ
り，「**本邦外出身者に対する不当な差別的言動**」の解消を図る条
例である。大阪市，東京都，川崎市（罰則付き）で制定されている。

条例の内容

(1)不当な差別的言動の禁止（川崎市条例第12条）

　何人も，市の区域内の道路，公園，広場その他の公共の場所で
本邦の域外にある国又は地域を特定し，当該国又は地域の出身で
あることを理由として，次に該当する「本邦外出身者に対する不
当な差別的言動」を行い，又は行わせてはならない。

- ●本邦外出身者を，その居住する地域から退去させることを煽
  動し，又は告知するもの
- ●本邦外出身者の生命，身体，自由，名誉又は財産に危害を加
  えることを煽動し，又は告知するもの
- ●本邦外出身者を人以外のものにたとえるなど，著しく侮辱す
  るもの

(2)勧告・命令・公表（川崎市条例第12条から第14条）

　ア．勧告　市長は，勧告の日から6月間，前記(1)の違反行為を
　　　行ってはならない旨を勧告することができる。

　イ．命令　市長は，命令の日から6月間，前記(1)の違反行為を
　　　行ってはならない旨を命ずることができる。

　ウ．公表　市長は，命令に従わなかったときは，氏名又は団体
　　　の名称，住所，団体の代表者等の氏名のほか，命令の内容そ
　　　の他規則で定める事項を公表する。

　市長は，勧告，命令，公表の前に，「差別防止対策等審査会」
の意見を聴く。

(3)罰則（川崎市条例第23条，第24条）

　前記(2)の命令に違反した者は，50万円以下の罰金に処する。
法人等の場合には，行為者のほか法人等も罰する。

インターネット表現活動に係る拡散防止措置

　市長は，インターネット表現活動が「本邦外出身者に対する不
当な差別的言動」に該当すると認めるときは，拡散を防止するた
めに必要な措置を講ずる（川崎市条例第17条）。

- 市の区域内で行われたインターネット表現活動
- 市の区域外で行われたインターネット表現活動で次のいずれ
  かに該当するもの

　ア　表現の内容が特定の市民等を対象としたものであると明
　　　らかに認められるインターネット表現活動

　イ　ア以外のインターネット表現活動であって，市の区域内
　　　で行われた本邦外出身者に対する不当な差別的言動の内
　　　容を市の区域内に拡散するもの

【MEMO】

第3章
定住外国人活躍政策の現状(1)
──国の施策──

19　国における外国人施策の変遷

20　国の省庁別施策

21　暮らしやすい社会の実現

22　外国籍児童生徒への教育

23　国内経済の活性化

24　地域社会における多文化共生

19 国における外国人施策の変遷

> 国の施策は，その時々の社会状況を反映している。近年では
> 「**外国人材の積極的な活用**」に政策の比重が移っている。

社会秩序維持・治安重視

1980年代半ばには，バブル景気を背景にアジア諸国から観光
や留学などを名目に入国した後に，不法就労するケースが増加し
社会問題となった。

これを受け，1988年には内閣官房に外国人労働者問題関係省
庁連絡会議が設置され，**社会秩序の維持や治安対策**への対処を行
った。

生活者としての外国人支援

在留外国人のさらなる増加に伴い，旧自治省は1995年に「自
治体国際協力推進大綱の策定に関する指針」を通達し，自治体に
国際交流政策の立案を求めた。

増加していく定住外国人に対して，生活者としての外国人とい
う視点からの政策アプローチが必要となり，2006年に総務省が
外国人も含めた共生社会を推進するため，**多文化共生プランの策
定**を全国の市町村に対して求めた。

また，2008年のリーマンショックでは，外国人派遣労働者の
多くが職を失った。その対策として2009年に日系定住外国人施
策推進会議を内閣府に設置し，大量失職問題への対応にあたった。

外国人材の積極的活用

　2010年代に入ると国は少子高齢化の進行を背景に**外国人材を積極的に活用**するための施策を推進してきた。2013年の日本再興戦略では，留学生の受け入れ拡充や高度外国人材の受け入れ，技能実習生の受け入れなどを掲げている。

　また，2016年に示された第三次安倍内閣の目玉となる**ニッポン一億総活躍プラン**の中で，外国人材を日本経済のイノベーションを強化し，日本の成長を担う人材の一部として位置付けている。

今後の外国人施策

　国における外国人施策は第一段階として，社会秩序維持のための出入国管理の強化，第二段階として日本語教育や就労支援などの生活者としての外国人支援，第三段階として高度人材などの積極的活用へと，その時々の社会的要因を背景とした変遷をたどってきた。

　今後，さらなる外国人の受け入れが進み，新たな課題への対応も必要になってくる。**定住外国人が地域の担い手**として，活躍できるような環境を整えることが国には求められてくる。

移民国家カナダの外国人施策

　カナダはこれまで数多くの移民を受け入れ，今や国民の5人に1人が移民である。

　日本の場合，「外国人材の受け入れ」は労働力が不足する特定の分野での受け入れにとどまっているが，カナダでは「移民は経済を豊かにする」という考えのもと，高い教育水準や資格のある移民を積極的に受け入れ，定住を促している。

20 国の省庁別施策

外国人に係る施策は複数省庁にまたがるため，**法務省**が外国人の受け入れ環境の整備に関する**総合調整**等を行っている。

国の基本方針

2018年7月に閣議決定された「**外国人の受入れ環境の整備に関する業務の基本方針について**」において，今後ますます増加していく定住外国人について，社会の一員として円滑に生活ができるよう，多言語での生活相談の対応，日本語教育の充実をはじめとする外国人の受け入れ環境の整備に係るさまざまな分野における取り組みを政府全体として強化し，進める基本的方針が示された。

各省庁の役割

上記の基本方針を実現するため，出入国の管理，外国人の在留，人権擁護等を所掌する**法務省**が，外国人受け入れ環境の整備に関する企画及び立案並びに**総合調整**を行うこととし，その司令的機能のもと，関係府省が連携を強化し，地方自治体とも協力しつつ，外国人の受け入れ環境の整備を効果的・効率的に進めることとしている。

また，**総務省**は地方自治体における多文化共生の取り組みの促進，**外務省**は海外における日本語教育の充実，**文部科学省**は国内における日本語教育の充実，**厚生労働省**は外国人への医療・保健・福祉サービスの提供などを行うこととされ，その他の関係府省

は総合調整等に係る事務の実施に際し，情報または知見の提供など必要な協力を行うこととされている。

各省庁の実施施策

　上記基本方針による各省庁の実施施策を整理すると次の表の通りとなる。

	内閣府	総務省	法務省	外務省	文科省	厚労省	経産省	国交省	警察庁	その他関係省庁
国民及び外国人の声を聴く仕組みづくり			○							
共生社会実現のための啓発活動等の実施			○	○		○			○	○
行政・生活情報の多言語化，相談体制の整備	○	○	○	○	○	○	○	○	○	○
地域における多文化共生の取組の促進・支援	○	○	○			○				
医療・保健・福祉サービスの提供環境の整備等	○		○			○	○			
災害発生時の情報発信・支援等の充実	○	○	○					○		
交通安全対策，事件・事故，消費者トラブル，法律トラブル，人権問題，生活困窮相談等の対応			○			○			○	○
住宅確保のための環境整備・支援								○		
金融・通信サービスの利便性の向上	○	○				○				○
日本語教育の充実			○	○	○				○	○
日本語教育機関の質の向上・適正な管理			○		○					
外国人児童生徒の教育等の充実					○				○	
留学生の就職等の支援			○	○	○	○	○			
適正な労働環境等の確保						○				
社会保険への加入促進等		○	○			○				○
外国人材の適正・円滑な受入れの促進に向けた悪質な仲介事業者等の排除			○	○					○	

（資料）「外国人材の受入れ・共生のための総合的対応策」を参考に作成。

21 暮らしやすい社会の実現

> 国は「外国人材の受入れ・共生のための総合的対応策」を取りまとめ，外国人が**暮らしやすい社会実現**に向けた各種施策を推進している。

外国人材の受け入れ・共生のための総合的対応策

　国は2006年に取りまとめた「生活者としての外国人に関する総合的対応策」に基づき，外国人が暮らしやすい地域社会づくりなどに努めてきたが，ますます増加していく定住外国人に対して，定住外国人の受け入れ・共生のための取り組みをより強力かつ包括的に推進していく観点から，「**外国人材の受入れ・共生のための総合的対応策**」を2018年に新たに取りまとめた。

　この対応策には地域で暮らす外国人に対する支援施策として，「暮らしやすい地域社会づくり」，「生活サービス環境の改善等」，「円滑なコミュニケーションの実現」などの現状認識と課題，また課題に対する具体的な施策が示されている。具体的な施策の展開は，次の通りである。

暮らしやすい地域社会づくり

　外国人が地域で生活するためには，社会生活上のルールなどについて分かりやすい形で情報を入手できることとともに，外国人からの生活相談等についても，きめ細かな対応を可能とする体制を構築する必要がある。

そのため，適切な情報や相談場所に迅速に外国人が到達することができるよう，都道府県，指定都市などに地方自治体が情報提供及び相談を行う一元的な窓口である「**多文化共生総合相談ワンストップセンター (仮)**」の設置することを支援している。

　また，外国人は生活情報の収集にSNSを利用することが多いため，外国人に対する行政・生活情報の提供にあたっては，SNSの利用も想定した対応を推進している。

生活サービス環境の改善等

　医療機関を受診する外国人の増加を踏まえ，外国人にとっての医療機関の利便性の向上など，外国人が**安心して医療サービス等を受ける**ことができる環境整備のため，電話通訳及び多言語翻訳システムの利用促進，外国人患者受け入れに関するマニュアルの整備や医療通訳，医療コーディネーターの設置を推進している。

　また，失業等による経済的困窮や地域社会からの孤立等に対する支援ニーズに対応するため，生活困窮者に対する相談窓口への通訳の配置や外国人をサポートする団体等との連携を図るなどの支援を行っている。

円滑なコミュニケーションの実現

　外国人に対する日本語教育の取り組みを大幅に拡充するため，日本語教室空白地域における教室開設のためのアドバイザー派遣等の支援を行うとともに，日本語教室の設置が困難な地域に住む外国人のため，自学自習が可能で多言語 (8か国語) に対応した，ICTを活用した日本語学習教材の開発・提供等を実施する。

22 外国籍児童生徒への教育

> **日本語指導**について特別の教育課程を編成・実施が可能となるよう制度の整備を図ったほか，各自治体の取り組みを支援する補助事業を実施している。

外国籍児童生徒への日本語指導

　日本語指導が必要な外国籍児童生徒数は2018年までの10年間で，約1.5倍まで増加したが，特別な日本語指導等を受けている割合は減少傾向にある。

　そこで，2014年4月より，「学校教育法施行規則の一部を改正する省令」及び「学校教育法施行規則第56条の2等の規定による特別の教育課程について定める件」が施行され，当該児童生徒の在籍学級以外の教室で行われる指導について特別の教育課程を編成・実施することが可能となった。

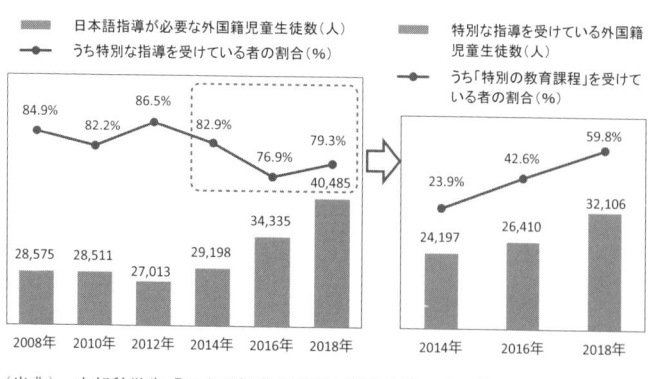

（出典）　文部科学省「日本語指導が必要な児童生徒の受入状況等に関する調査」。

各自治体の取り組みを支援する補助事業の実施

　義務教育諸学校において，日本語指導の新たな体制整備が推進されるよう，**各自治体の取り組みを支援する補助事業**を実施している。

〈主な支援事業〉

(1)公立学校における帰国・外国人児童生徒に対するきめ細かな支援事業の実施

　（概要）帰国・外国人児童生徒の受け入れから卒業後の進路までの一貫した指導・支援体制の構築を図るため，各自治体が行う受入促進・日本語指導の充実・支援体制の整備に関する取り組みを支援する。

　（支援対象の取り組み例）

　①関係機関との連携による就学支援の実施

　②初期適応指導教室（プレクラス）実施やセンター校の設置

　③「日本語能力測定方法」の活用による日本語能力の把握と日本語指導

　④母語が分かる支援員や日本語指導補助者の派遣

　⑤高等学校における受け入れ体制づくり等

(2)日本語指導を含む個別の課題解決のための加配措置

(3)独立行政法人教員研修センターにおける実践的な研修

(4)各地域，学校での取り組みを支援

　①「外国人児童生徒受入れの手引き」の作成・配布

　②情報検索サイト「かすたねっと」の開設・運営

　③日本語能力測定方法の開発

　④外国人児童生徒教育マニュアルの開発の実施

23　国内経済の活性化

これまでは，労働力としての外国人については，高度外国人材の受け入れを主として進めてきたが，**人手不足が深刻な分野**にも受け入れを拡大している。

経済発展に寄与する高度外国人材の受け入れ

専門的・技術的分野の外国人は，我が国の経済社会の発展に必要不可欠であることから，2017年4月，高度外国人材の永住許可に要する在留期間を5年から最短1年までに短縮し世界最速級とする「**日本版高度外国人材グリーンカード**」を創設した。

「日本版高度外国人材」グリーンカードの概要

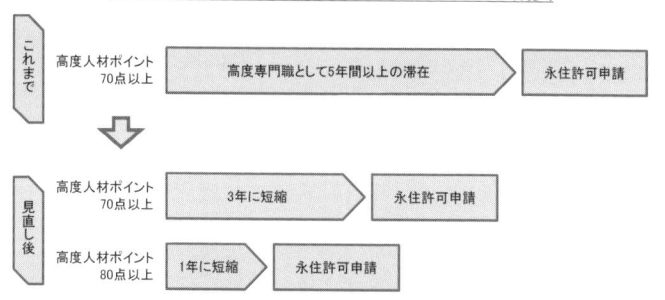

深刻な人手不足対策としての外国人材の受け入れを拡大

国内の労働市場では人材を確保できず，かつ生産性の向上だけでは存続が困難な産業分野（14種）については，2019年4月より，新たな在留資格「特定技能」での外国人材の受け入れが可能とな

った。今後5年間の受け入れ予定数は，最大約35万人とされている。

受け入れが期待される分野は，慢性的な人手不足が問題となっている「**介護**」，これまで技能実習生として受け入れを行ってきた「**建設業**」や「**農業**」の分野などがある。

在留資格「特定技能」の受け入れ予定数上位5分野

分　野	受け入れ予定数※	業務内容
介　護	60,000人	身体介護（入浴等） 付随支援業務（機能訓練補助等）
外　食　業	53,000人	外食業全般
建　設	40,000人	型枠施工，左官，屋根ふき コンクリート圧送等11区分
ビルクリーニング	37,000人	建築物内部の清掃
農　業	36,500人	耕種農業全般，畜産農業全般

※　受け入れ予定数は今後5年間の人数。

国家戦略特区により受け入れ規制の改革を促進

外国人材への需要の変化に対応するべく，**国家戦略特別区域**において規制改革に向けた特例的な受け入れも図られている。

(1)外国人創業活動促進事業

外国人起業家が最長で1年間，起業準備活動のために入国・在留することが可能となる。

(2)家事支援外国人受入事業

女性の活躍促進や家事支援ニーズに対応するため，第三者管理協議会による管理体制のもとで，認定を受けた企業が家事支援外国人材を雇用することが可能となる。

(3)農業支援外国人受入事業

農業支援を行う外国人材を特例的に受け入れていたが，「特定技能」の創設に伴い，新制度への移行段階に入った。

24

地域社会における多文化共生

> 国の施策は，**指針・計画の策定**から，事例集の紹介やアドバイザー制度の創設など，**具体的な取り組み段階**に進んでいる。

多文化共生推進プラン

2006年に「地域における多文化共生推進プラン」を策定し，各都道府県及び市区町村に対して，多文化共生の推進に係る指針・計画を策定し，地域における多文化共生の推進を計画的かつ総合的に実施するよう促した。

総務省自治行政局国際室の調査によると，2019年4月1日時点で**多文化共生推進に係る指針・計画**を策定している団体は47％となっている。内訳を見ると，都道府県では98％，指定都市では100％，区では91％とほぼ大半の団体で策定されている一方，市は68％，町では27％，村では12％と，団体規模が小さくなる

（団体数，％）

回　答	都道府県	指定都市	市（指定都市除く）	区	町	村	全　体
1. 多文化共生に関する指針・計画を単独で策定している	18(38%)	9(45%)	69(9%)	8(35%)	1(0%)	0(0%)	105(6%)
2. 国際化施策一般に関する指針・計画の中で，多文化共生施策を含めている	18(38%)	9(45%)	58(8%)	3(13%)	8(1%)	0(0%)	96(5%)
3. 総合計画の中で，多文化共生施策を含めている	10(21%)	2(10%)	397(51%)	10(43%)	190(26%)	22(12%)	631(35%)
策定している（計）	46(98%)	20(100%)	523(68%)	21(91%)	199(27%)	22(12%)	832(47%)
4. 策定していないが，今後策定の予定がある	1(2%)	0(0%)	32(4%)	2(9%)	20(3%)	4(2%)	59(3%)
5. 策定しておらず，今後策定の予定もない	0(0%)	0(0%)	216(28%)	0(0%)	524(71%)	157(86%)	897(50%)
策定していない（計）	1(2%)	0(0%)	248(32%)	2(9%)	544(73%)	161(88%)	956(53%)
総　計	47(100%)	20(100%)	772(100%)	23(100%)	743(100%)	183(100%)	1788(100%)
無回答	0	0	0	0	0	0	0
自治体数	47	20	772	23	743	183	1788

（注）　平成31年4月総務省自治行政局国際室調査による。（平成31年4月1日現在）
（注）　割合には未回答の団体を含まない。

につれて，策定が進んでいない現状がある。

プラン策定から10年後の「多文化共生事例集」

「地域における多文化共生推進プラン」の策定から10年が経過し，外国人住民の多国籍化・高齢化など外国人を取り巻く状況が変化していることから，総務省は，優良な取り組みの全国的な普及・展開を目的とした「**多文化共生事例集**」を作成した。

事例集では，「コミュニケーション支援」「生活支援」「多文化共生の地域づくり」「地域活性化やグローバル化への貢献」の4つの視点から，自治体だけではなく，NPO法人や企業，地域に密着した市民団体なども含む多様な実施主体による52の取り組み事例が掲載されている。

「多文化共生アドバイザー制度」の創設

総務省では，近年の外国人住民の増加等を踏まえ，地域における多文化共生施策のさらなる推進に向けた方策の1つとして，2019年4月に「**多文化共生アドバイザー制度**」を創設した。

同制度は，多文化共生の取り組みに関する先進的な知見やノウハウを有する団体の担当部署または職員のデータベース（多文化共生アドバイザー名簿）を作成し，多文化共生施策に取り組もうとする地方自治体が，取り組み分野に応じた助言やサポートを受けることができるようにするものである。

名簿は総務省のウェブページで公開されており，全国各地の地方自治体の部署や職員の取り組み内容や取り組み分野が紹介されている。

【MEMO】

第4章
定住外国人活躍政策の現状(2)
——自治体（神奈川県）の政策——

25 自治体に暮らす外国人の意識
　　——生活の満足度や困っていることについて——

26 市町村で実施している定住外国人施策

27 定住外国人の活躍が期待されるもの

28 自治体内の外国人コミュニティ等の把握

29 関係団体との連携

30 定住外国人政策の重要性

31 「地域資源」としての定住外国人

25 自治体に暮らす外国人の意識

生活の満足度や困っていることについて

> 定住外国人が日本での日常生活において困っていることは,「**言語**」「**コミュニティ**」によるものが多い。

日本で生活する外国人が日常生活で困っていること

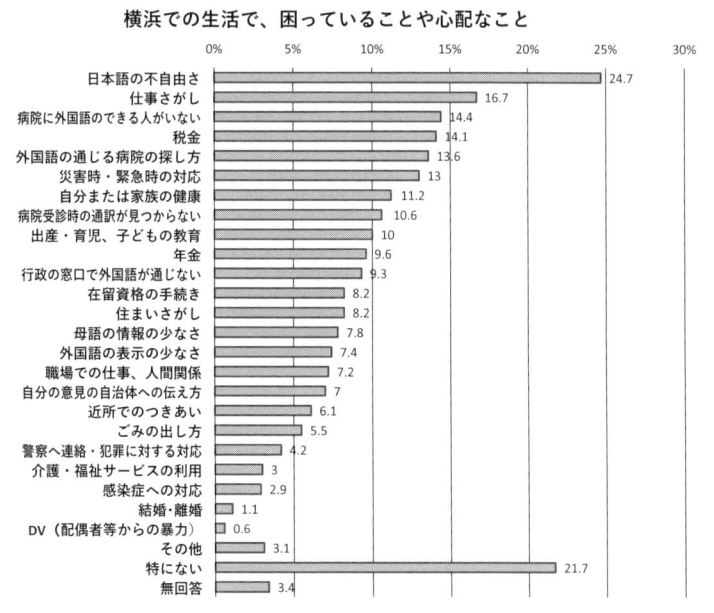

横浜での生活で、困っていることや心配なこと

項目	%
日本語の不自由さ	24.7
仕事さがし	16.7
病院に外国語のできる人がいない	14.4
税金	14.1
外国語の通じる病院の探し方	13.6
災害時・緊急時の対応	13
自分または家族の健康	11.2
病院受診時の通訳が見つからない	10.6
出産・育児、子どもの教育	10
年金	9.6
行政の窓口で外国語が通じない	9.3
在留資格の手続き	8.2
住まいさがし	8.2
母語の情報の少なさ	7.8
外国語の表示の少なさ	7.4
職場での仕事、人間関係	7.2
自分の意見の自治体への伝え方	7
近所でのつきあい	6.1
ごみの出し方	5.5
警察へ連絡・犯罪に対する対応	4.2
介護・福祉サービスの利用	3
感染症への対応	2.9
結婚・離婚	1.1
DV(配偶者等からの暴力)	0.6
その他	3.1
特にない	21.7
無回答	3.4

(出所) 「2013年度 横浜市外国人意識調査 調査結果報告書」。

2013年度に行った**横浜市外国人意識調査**では,暮らしに「満足している」「やや満足している」人の割合は6割を超えている。その一方で,日常生活において困っていることは,「**日本語の不自由さ**」「**病院に外国語のできる人がいない**」などの言葉が壁と

なっていることや，生活の基盤となる「仕事さがし」，さらには
「行政の窓口で外国語が通じない」「外国語の表示の少なさ」「災
害時，緊急時の対応」「出産・育児，子どもの教育」など**行政に
関すること**や「近所でのつきあい」など，**地域で生活する上で必
要なコミュニティ**となっている。

■ 困りごとから見える定住外国人の状況

こうしたことから，定住外国人は，次のような状況にある。

①日本語の不自由さ

日本語は難しいうえに，日本に居住する外国人にとって日本語
学習の権利は保障されておらず，日本語を学びたくても居住地域
に日本語教室がないなどの状況にある。

②仕事さがし

日本の企業は，外国人に対して広く門戸を開いているとはいえ
ず，また就職の条件として日本人と同等の日本語力を求めている
ことも多いことから，就職に苦労している状況にある。

③コミュニティ

日本人も外国人も互いの生活習慣や文化の違いから，ごみ出し
などの日常生活におけるトラブルが起きやすい。また外国人は，
地域の日本人住民との交流やコミュニティへの参加の機会が少な
く，地域に打ち解けない状況にある。

④行政関連

定住外国人の日常生活などの相談に対する窓口となる部署が未
整備の自治体が多く，ごみ出し案内や災害時の案内などの表記も
多言語化されていないことが多いなど，定住外国人が生活する上
での課題が多い状況にある。

市町村で実施している定住外国人施策

> 生活支援のための施策は実施されているが，地域の中で日本人
> や外国人住民との間をつなぐ，**踏み込んだ施策**は少ない。

定住外国人施策に関するアンケート調査（2017年度）

市区町村では，どのような外国人施策を実施しているのか，神奈川県内の市町村に対して，**アンケート調査**（2017年度）を実施した（回答は32団体）。

〈アンケート調査の項目〉

　(1)実施している定住外国人施策及び取り組み

　(2)定住外国人が活躍しているまたは活躍が期待される施策の分野

　(3)外国人の団体やコミュニティなどの把握状況

　(4)定住外国人施策に係る関係団体との連携の状況

　(5)定住外国人に係る施策の重要性について

市町村ごとに定住外国人施策にバラツキがある

神奈川県内市町村で実施している定住外国人施策及び取り組みは次の通りとなった。

取り組みの多いものでは，まず，広報・広聴関係で，「ホームページの多言語化」が最も多く，3分の2以上の市町村で既に実施されている。また，広報紙の多言語化も14市町村と，ホームページほどではないが，比較的取り組みが進んでいる。

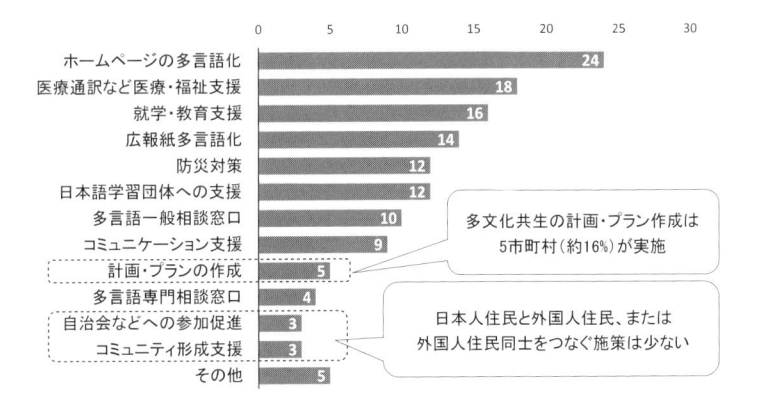

次いで，日々の暮らしや困りごとの支援では，「医療通訳などの支援」，「就学・教育支援」と，定住外国人が生活をする上でのフォローのための施策が続き，半数以上の市町村が取り組んでいることが分かる。

他方で，**取り組みが進んでいないもの**としては，市町村の行動指針となる多文化共生施策の計画・プランを策定しているのが5市町村のみにとどまっている。

また，外国人を日本人住民や，ほかの外国人住民とつなぐ施策はあまり取り組みが進んでいない。

「自治会などの地域コミュニティへの参加促進」，「外国人住民のコミュニティ形成支援」を実施しているのは，3市町村のみであった。

言語の壁を解消するための施策は，ある程度の市町村において実施されているが，日本人住民と外国人住民をつなぐ施策，または，外国人同士をつなぐ施策といった**「踏み込んだ施策」**は，ほとんど行われていない。

27　定住外国人の活躍が期待されるもの

観光などでは定住外国人の活躍が進んでいるが，定住外国人がまちづくりなどの施策で活躍するという**問題意識そのものが乏しい**。

最も活躍が進んでいるのは観光分野

神奈川県内市町村において実施されている定住外国人の活躍分野及び活躍が期待される施策分野は，次の通りとなった。

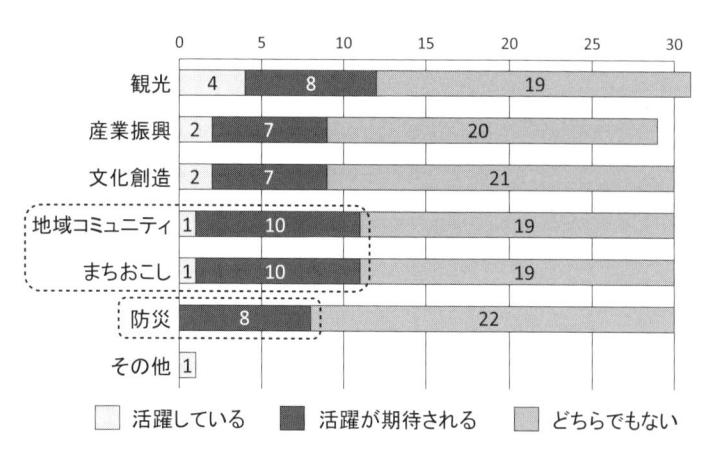

定住外国人が既に活躍している分野は，「**観光**」分野である。具体的には，観光ガイド，インバウンド施策のコーディネーター，イベントの実行委員や観光立町推進会議の委員への就任などが挙げられた。また，外国人目線での観光資源の発掘や，母国・コミュニティへのSNSを媒介とした情報発信の担い手として活躍し

ている事例もあった。

「**産業振興**」分野では，中小企業（製造業）の貴重な戦力・人材として，永住者，定住者，技能実習生が活躍しているとの回答も寄せられた。

また，姉妹都市交流の推進と小中学生の英会話能力の向上を図るため，姉妹都市のオーストラリアの自治体から英語の非常勤講師を招聘するなど，自治体ならではの外国自治体とのつながりを活用し，「**教育**」分野で外国人が活躍する事例も見受けられた。

活躍が期待される分野

活躍が期待される分野では，「**地域コミュニティ**」，「**まちおこし**」にそれぞれ10市町村が回答しており，最も多くなっている。

また，活躍している事例としては回答がゼロであった「**防災**」分野でも，8市町村が今後の活躍を期待しているとの結果となっている。もともと地震や台風による災害の多い日本であるが，近年は豪雨による洪水，土石流などの災害も頻繁に発生しており，定住外国人だけでなく外国人観光客を含めた対策が必要となっている。

半数以上を占める「どちらでもない」

この調査結果で最も特筆すべきなのは，全ての項目で，「**どちらでもない**」が回答の半数以上を占めていることである。

つまり，現状では，多くの市町村は，地域課題の解決や施策推進に，定住外国人が活躍するという問題意識そのものが乏しいといえる。

28 自治体内の外国人コミュニティ等の把握

神奈川県内の多くの市町村では，**外国人団体やコミュニティ**などの把握をしていない。

■ 外国人の団体やコミュニティなど「把握していない」

定住外国人の活躍を促進するにあたっては，まず，定住外国人の現況を把握する必要がある。

調査結果では，外国人団体やコミュニティについて，「把握している」が5市町村（15.6％）にとどまり，**「把握していない」**が27市町村（84.4％）となった。

■ 「把握している」場合でも受け身の情報収集

「把握している」と回答した市町村の具体的な把握方法は，市民・団体からの情報提供のほか，多文化共生推進事業や国際交流

外国人の団体やコミュニティなどの把握

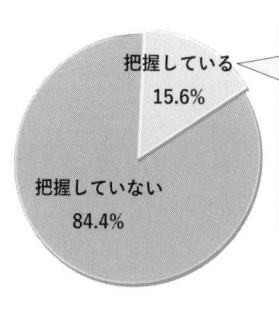

- 団体からの情報提供
- 市の通訳・翻訳ボランティアバンクシステムへの登録
- 市町村主催事業への参加・協力
- 国際交流協会などの関係団体が主催するイベントへの参加
- 日頃の相談業務

把握している 15.6%

把握していない 84.4%

イベントへの参加，市町村主催事業への参加・協力，通訳・翻訳ボランティアバンクシステムへの登録，団体からの新年会への案内が市町村に届くなどをきっかけとしているとの回答であった。

　いずれも，どちらかといえば**受け身の情報収集**がほとんどであり，市町村側から積極的に情報収集を図っているとの傾向は見受けられない。

　市町村としても，どのように外国人コミュニティを把握すればよいのか，そのノウハウを持ち合わせていないことが推測される。

PICK UP! 日本人市民及び外国人市民の意識実態調査

　静岡県浜松市では，1990年の入管法改正後の外国人の急増，とりわけ南米からの日系人の入国・在留増加に伴い，言葉や生活習慣などの違いから生じた諸課題への対応に迫られ，生活相談や情報提供，日本語教室などさまざまな多文化共生施策を実施してきた。また，外国人集住都市会議の設立を提案するなど，課題解決に向けた他都市や国，県などとの連携を積極的に図ってきた，言わば多文化共生の先駆的自治体である。

　浜松市が多文化共生施策を立案するにあたり，基礎資料としているのが，「日本人市民及び外国人市民の意識実態調査」である。

　この調査は，1992年度から3～4年に1回実施され，2018年度には8回目の調査を実施した。当初は南米系外国人の就労や生活の実態の調査にとどまっていたが，外国人の多国籍化に伴い，2014年度の調査では対象を全国籍として拡大したほか，2018年度からは日本人住民市民に対しても多文化共生に対する意識調査をあわせて実施するなど，調査対象や内容の見直しを行い，実情把握に努めている。

> 定住外国人の施策のうち，今後は，**外国人コミュニティ，自治会等との連携**を期待している。

定住外国人の施策に係る関係団体との連携の状況

現在，定住外国人の施策について連携している関係団体では，「**神奈川県**」が17市町村（53.1%）と最も多く，次いで「他の市区町村」，「NPO・NGOなどの支援団体」が，それぞれ9市町村（28.1%）となっている。なお，「その他」には，2020年東京オリンピック・パラリンピックのホストタウンや地元の大学などが挙げられている。

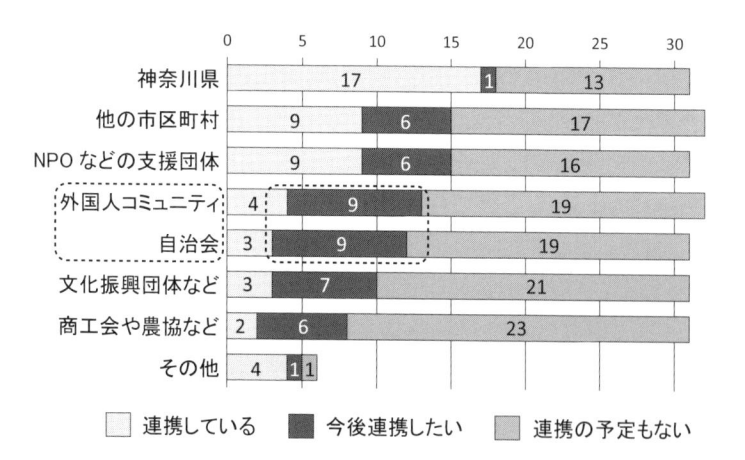

地域コミュニティとの連携

定住外国人政策を進めるために，連携したい団体としては，「**地域の自治会**」，「**地域の外国人コミュニティ**」が，それぞれ9市町村（28.1％）で最も多い。今後は地域に住む日本人住民と外国人住民，外国人住民間での連携への期待が高いことが分かる。

外国人コミュニティについては，ほとんどの市町村が把握できていない現状であることから，今後，連携を進めていくには，把握のための手法を検討することが最重要課題となるだろう。

PICK UP! 居住確保とコミュニティづくりへの支援（大阪府）

定住外国人に対し，安定的な居住確保と良好なコミュニティづくりへの支援を図るため，2019年7月，大阪府内で賃貸住宅の提供などを行う大阪府住宅供給公社と国際交流の推進を行う公益財団法人大阪府国際交流財団が，連携・協力の協定を締結した。

この協定に伴い実現した施策の1つに，生活情報等の多言語支援がある。

公社に訪れた外国人相談者に対し，契約手続きや引越しなどの説明を行う際に，三者間通話用電話を用いることで，財団の運営する相談窓口と通訳者を交えての，11言語による対応が可能となった。

また，団地において多言語対応の生活相談会等を開催することで，外国人の暮らしに関する不安の解消や生活ルールへの理解を深めて貰っている。

このような支援は，地域トラブルの抑制だけでなく，外国人住民同士による共助促進やコミュニティ把握につながる。

---

30 定住外国人政策の重要性

調査では，多くの自治体が，**定住外国人政策の重要性**は増すと考えている。

定住外国人政策の重要性への認識は高い

定住外国人に係る施策について「**重要性は増す**」との回答は16市町村（50.0％）である。

他方，「変わらない」と回答した市町村が4市町村（12.5％）となっている。

「**わからない**」と回答した市町村が12市町村（37.5％）もあることが，特徴といえるだろう。

定住外国人に係る施策の重要性について

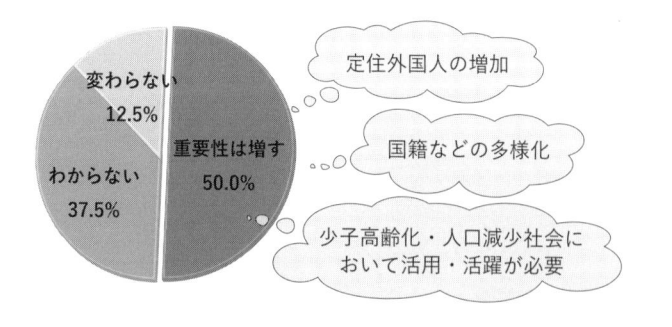

定住外国人の増加や多様化への対応

「重要性は増す」と回答した16市町村のうち，その理由として，**「定住外国人の増加が予想されるため」**が12市町村（75.0％）と最も多く，次いで，「定住外国人の多様化（国籍など）のため」が9市町村（56.3％）となっている。

今後の定住外国人人口の増加を見据えた上で，自治体施策としてその重要性が増すことについては，漠然と認識がされているようだ。

少子高齢化社会と定住外国人

「少子高齢化・人口減少社会において**外国人の活用・活躍が必要であるため**」も6市町村（37.5％）を占めている。

本格的に到来する少子高齢化社会の中で，定住外国人を日本人住民と同様に，自治体を構成する一員として捉えていかなければ，自治体運営が成り立たないと感じ始めているのだろう。

PICK UP!

外国人住民が長く暮らせるまちに（島根県出雲市）

「神話の國　出雲」として全国に知られる島根県出雲市では，近年，外国人住民の増加がみられ，2019年12月末現在での外国人住民数は4396人となり，このうちブラジル国籍の住民が2966人を占めている。

2016年に策定した出雲市多文化共生推進プランでは，「日本人住民は，外国人住民を一時的な滞在者としてだけではなく，共に暮らす地域住民」として受け入れるとし，「5年以上市内に住む外国人住民」の割合を30％台にすることを具体的目標に掲げているなど，共に暮らしやすいまちづくりが進められている。

---

31 「地域資源」としての定住外国人

> 人口減少社会においては，定住外国人は**重要な地域資源**であり，最大限に力を発揮できるような社会づくりが必要である。

積極的・能動的な定住外国人の施策は進んでいない

神奈川県内市町村のアンケート結果では，ホームページや広報紙などの**多言語化の施策**はある程度実施されている一方で，地域で暮らす外国人の団体などの把握はほとんど行われておらず，外国人施策における市町村と関係団体との連携も進んでいない。

また，半数の市町村が，定住外国人の増加，多様化などを理由に定住外国人に関する施策の重要性は増すと考えているが，施策の推進に定住外国人自身に活躍してもらうという認識は乏しい。

各自治体の取り組みを支援する補助事業の実施

今後，日本の人口は急激に減少し，少子高齢化がますます進むことが予想される中で，市町村の活力を維持・発展していくためには，外国人を含めた全ての住民が最大限に力を発揮できるような社会づくりが必要不可欠である。

そのため，外国人を地域の課題，解決しなければならない問題として捉えるのではなく，**地域資源として捉える**発想の転換が求められる。

地域の観光，防災，まちおこし，産業振興，文化振興などさまざまな分野で，定住外国人は大きな活躍の可能性を秘めている。

住民に最も近い基礎自治体として，地域の実情に応じた具体的な外国人施策を提供することは，市町村の責務であるといえる。

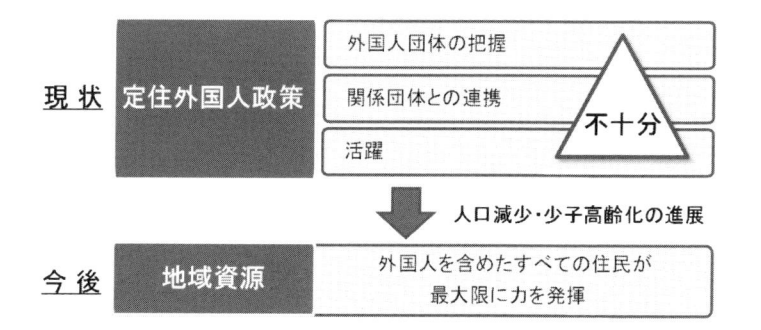

> **PICK UP!**　ラグビーワールドカップ日本代表
>
> 　2019年のラグビーW杯では，日本チームの活躍で，日本中が盛り上がり，「にわかラグビーファン」が流行語になった。この日本代表チームを見て，「あれ」と思った人も多いだろう。代表31人のうち，15人が外国籍だからである。ラグビーのルールでは，日本国籍がなくても，以下の3条件のうち，一つでも満たせば，異なる国の代表選手になれる。
>
> 　1. 出生地がその国
> 　2. 両親，祖父母のうち1人がその国出身
> 　3. その国で3年以上，継続して居住。または通算10年にわたり
> 　　　居住
>
> 　国籍主義ではなく，地域主義も採用している。日本代表チームの活躍を見て，これからの日本の方向性は，「優れた外国人をどれだけ日本に呼び込めるか」だと，合点がいったと思う。

【MEMO】

第5章
自治体における定住外国人活躍政策の枠組み

32 基本的方向性——政策の基本理念——

33 活躍政策の理論——新しい公共論と定住外国人——

34 協働と定住外国人

35 活躍の範囲・対象①——政治参加（地方参政権）——

36 活躍の範囲・対象②——定住外国人と公務員——

37 活躍の範囲・対象③——行政参加（政策形成）——

38 活躍の範囲・対象④——外国人と消防団—

39 活躍の範囲・対象⑤——外国人と民生委員——

40 活躍の範囲・対象⑥——コミュニティ（自治会への参加）——

41 関係者とその役割——役割の明確化——

「定住外国人は地域社会の**貴重な地域資源である**」との共通認識
を政策の基本理念とする。

政策の方向性「共生」から「活躍」へ

定住外国人が増加していく中で，今後の自治体運営には，これ
までの「共生」施策から一歩進んだ「活躍」施策へのシフトが求
められている。

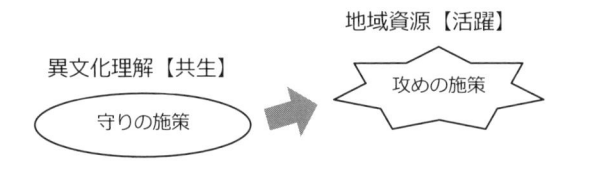

地域資源【活躍】

異文化理解【共生】

守りの施策

攻めの施策

地域資源としての外国人

「定住外国人は地域社会の貴重な地域資源である」ことを踏ま
え，定住外国人が地域で活躍するためには，「**協働**」「**主体性**」
「**創造**」という3つの要素が重要である。

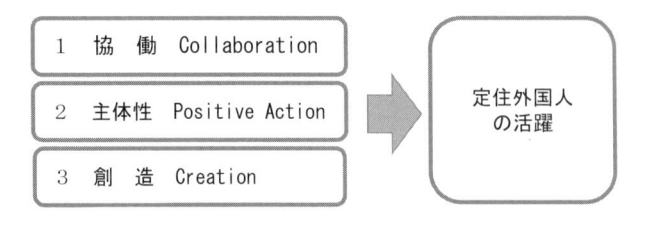

1　協　働　Collaboration

2　主体性　Positive Action

3　創　造　Creation

定住外国人
の活躍

Collaborationの効果

定住外国人と日本人（住民・企業など）が協力することで，地域課題の解決や経済活動の発展を目指すことができる。

定住外国人と日本人が相互の文化を尊重し，理解を深めることで，多文化共生のまちづくりを推進することができる。また，地域住民と定住外国人がかかわることで，互いに助け合う地域福祉機能の向上が見込まれる。その他，地元企業と定住外国人が手を取り合うことで，新しい販路の拡大による地域経済の活性化などが期待できる。

Positive Actionの効果

定住外国人が主体的に行動することで，日本人だけでは実現できないサービスの提供や地域課題の解決を目指すことができる。

定住外国人自身が地域で生活する定住外国人の支援者となることで，言語や文化を背景とした情報伝達が円滑に行えるほか，定住外国人自身が地域課題を考えるきっかけにもなる。また，定住外国人がSNSにより地域の魅力を発信することで，国内外の外国人への高いPR効果が期待できる。

Creationの効果

定住外国人の持つ日本人にはない視点を取り入れ，新しい価値（文化芸術，デザイン，技術など）の創出を目指していくことができる。外国人観光客向けのPRや地域ブランド品の開発の際，定住外国人の目線を加えることで，日本人では思いつかない新しい価値の付与が可能になる。

33

活躍政策の理論
新しい公共論と定住外国人

> 自治体だけでなく，多元的な公共主体によって，豊かな社会を
> 実現しようというのが，**新しい公共論**である。定住外国人も重
> 要な公共の担い手である。

新しい公共論

　経済社会が成熟し，価値観が多様化している中で，市民から信
託された自治体（行政，議会）による一元的な決定だけでなく，自
治会・町内会などの地域コミュニティ，NPOなどの民間セクタ
ーを公共主体として位置付け，**多元的な公共主体による多様なサ
ービス提供**によって，豊かな社会を実現していこうというのが，
新しい公共論の考え方である。

　定住外国人も**公共の担い手**の一員である。

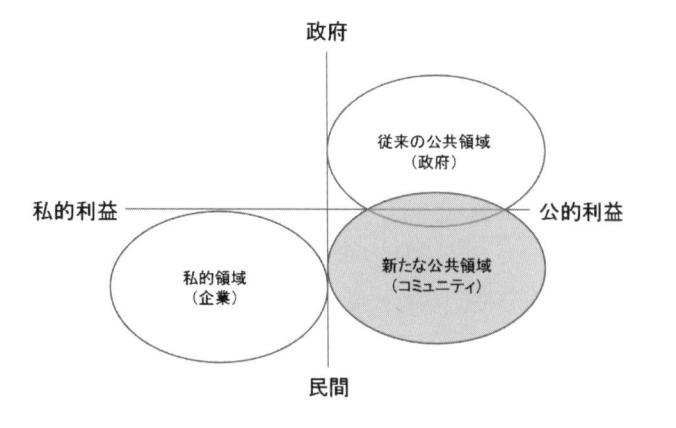

　人口増加，豊かな財政という裏付けのもと，これまでは税金による行政（公共の実現）ができた。

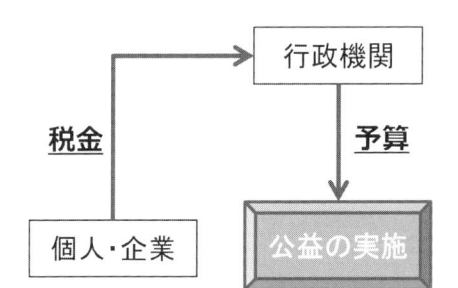

　人口減少，社会保障費の増加等で自治体の財政状況が厳しさを増す中，市民がその知識，経験，行動力を存分に発揮して公共を実現していく。定住外国人もその力を**地域のために存分に発揮**することが期待される。

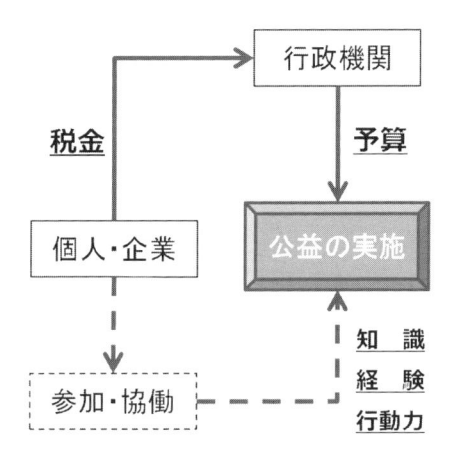

34

協働と定住外国人

定住外国人の自立（自律）性を高め，公共の担い手として協働行動を促進するため，補助・委託等の直接支援とともに，情報・場所の提供などの条件整備や**励まし・温かいまなざし**などソフトで間接的な支援も協働の内容である。

政策としての協働

協働の目標は，自治の実現，つまり市民や地域が抱える課題を解決して，**市民1人ひとりが幸せに暮らせる社会**の実現である。

協働概念で核となるのは，「行政とともに市民も公共を担っている」ことであるが，その実現のために，同じ公共主体として，両者が一緒に活動する場合もあるが，一緒には活動しない（時と場所を同じくしない）場合も，公共を担っているから協働である（一緒にやらない協働）。

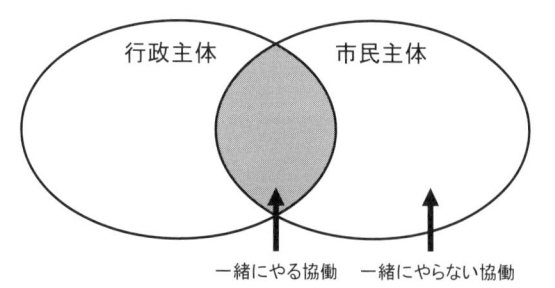

協働の成功条件

一緒にやる協働では，行政と定住外国人のそれぞれの良さを持

ち寄って，1＋1を3にするものである。そこで，一緒にやる協働では，一緒にうまくやるにはどうしたらよいかが施策の中心となってくる。

　一緒にやらない協働では，定住外国人が，主体性・対等性，自立や責任，信頼関係を持って，存分に活動するにはどうしたらよいのか，そのために自治体は何をすべきなのかといった後見的，支援的な施策が中心となる。

● **協働の成功条件**のヒント

　①外国人をうまく使おうと思ったら失敗する

　②外国人は社会を構成する重要な主体・資源だと認識する

　③異文化交流であることを踏まえる

　④基本は Win・Win。外国人の Win を意識する

　⑤成功，成果を求めすぎない

安心して協働できる仕組み

定住外国人が**安心して協働行動**を行えるように

①居心地の良い場づくり…サードプレイスとしての居場所，自分の価値が受け入れられる場づくり

②信頼の仕組みづくり…安全・安心の担保，情報の公開・説明責任，個人情報の管理

③行政の後援・支援…委託，補助などの財政的支援のほか，相談，学習・研修，交流・連携，情報提供・情報公開，情報交換の場や機会，参加・参画手続きの制度化（公聴会，説明会，アンケート，ワークショップ等）などがある。**励まし・温かいまなざし**といったソフトで間接的な支援策も，外国人市民が存分に活動できる元気のもとになるものである。

35 活躍の範囲・対象①
政治参加（地方参政権）

> 定住外国人が増え，日本社会に定着していく中で，定住外国人
> の**地方参政権付与の議論**は，避けることができない。

■ 憲法論は，要請説，禁止説，許容説に大別される

　外国人市民の政治参加については，外国人に**地方参政権**を認め
るかどうかが議論の中心である。

　憲法論からは，「国民主権」（第1条），「国民固有の権利」（第15
条1項），「住民」（第93条2項）の解釈をめぐって学説が対立してい
る。学説は3つに区分でき，**許容説が多数説**とされる。

①要請説…憲法上要請されており外国人に参政権を付与しない
　　ことは違憲である

②禁止説…憲法上禁止されており，外国人に参政権を付与する
　　ことは違憲である

③許容説…憲法上いずれの選択肢も許容しており，外国人に参
　　政権を付与しないこともすることも合憲である。

■ 最高裁判決は許容説

　最高裁は許容説にたっているとされる（平成7年2月28日最高裁
判決）。

　「憲法九三条二項にいう「住民」とは，地方公共団体の区域内
に住所を有する日本国民を意味するものと解するのが相当であ
り」としたうえで，「我が国に在留する外国人のうちでも永住者

等であってその居住する区域の地方公共団体と特段に緊密な関係を持つに至ったと認められるものについて，その意思を日常生活に密接な関連を有する地方公共団体の公共的事務の処理に反映させるべく，**法律をもって，地方公共団体の長，その議会の議員等に対する選挙権を付与する措置を講ずることは，憲法上禁止されているものではない**」。

海外（スウェーデン）の事例

EUやオーストラリア・ニュージーランド・カナダなどの英連邦諸国は，域内の住民に地方参政権を認めている。

スウェーデンでは，1976年に永住外国人への地方参政権付与が導入され，3年以上同一市町村に在住している外国人に，県及び市町村の選挙権と被選挙権が認められる。

これは移民労働者の積極的受入政策を行い，スウェーデンに定住するようになった人々に対する内外人平等政策の一環として導入されたものである。ただ，永住外国人の投票率は，国民の半分程度と低くなっている。

ソフトランディングにむけて（川崎市の取り組み）

定住外国人が増加していく中で，地方参政権を求める声が高まっていくことは避けることができない。その際，最も問題となるのは，それを許容する市民感情・社会的条件が，現時点では十分に整っていないことである。

川崎市では，1996年から**外国人市民代表者会議**を条例で設置し，市長へ提言する仕組みをつくり，運用している。

> **外国人の公務就任**は一般的になり，議論は管理職になれるかに
> 移っている。定住化が進む中，地方公務員になって，地域のた
> めに大いに活躍してほしいという期待や希望が出てくる。

憲法と外国人の公務就任権

外国人の公務就任権について，2つのアプローチがある。

第一は，**参政権**を起源に考えるものである。憲法第15条は
「公務員を選定し，及びこれを罷免することは，国民固有の権
利」としているが，これには公務員の選定罷免権にとどまらず公
務就任権も含まれ，したがって，主権者ではない外国人には，公
務就任権は基本的には認められないということになる。

第二は，**職業選択の自由**（第22条2項）に起源を持つというもの
で，多数説である。公務といえども職業の一種ということになり，
外国人の公務就任権が認められやすい。

一般には公務員も職業の1つであり，多くの自治体職員にとっ
ては，それが実際の意識だろう。職業選択の自由から考えていき，
公務の性質によっては，その自由にも一定の制約があると考えて
いった方が妥当である。

国家公務員については，国家意思の形成に参画するため，外国
人は原則として人事院規則8-18により，受験資格がない。他方，
地方公務員の受験については，今日では，一定の職種を除いて，
外国人も受験できるようになっている。

外国人と管理職任用

最高裁（平成17年1月26日最高裁大法廷判決）は，「当然の法理」（昭和28年3月25日法制局1登第29号内閣法制局第一部長回答）に代えて，「**公権力行使等地方公務員**」の概念を用いている。

公権力行使等地方公務員は，「住民の権利義務や法的地位の内容を定め，あるいはこれらに事実上大きな影響を及ぼすなど，住民の生活に直接間接に重大なかかわりを有するものである。それゆえ，国民主権の原理に基づき，国及び普通地方公共団体による統治の在り方については日本国の統治者としての国民が最終的な責任を負うべきものであること（憲法1条，15条1項参照）に照らし，原則として日本の国籍を有する者が公権力行使等地方公務員に就任することが想定されているとみるべき」としている。

「地方公務員法は，一般普通地方公共団体が上記のような管理職の任用制度を構築した上で，日本国民である職員に限って管理職に昇任することができることとする措置を執ることは，合理的な理由に基づいて日本国民である職員と在留外国人である職員とを区別するもの」としている。

消防職員と外国人

外国人が受験できない代表的職種が，**常勤の消防職員**であるが，関西地区を中心に国籍条項を撤廃している例もある。募集要項に「永住権を取得している外国人は受験できる」（宝塚市），「国籍は問いません」（尼崎市）などと明記されている。

消防士の仕事には，確かに権力的な側面（破壊消防）があるが，主権や統治権とは関係がないからである。

活躍の範囲・対象③

行政参加（政策形成）

> 外国人市民が自治体の**政策決定等に参加**することは，特別の場合を除き，特に意識されずに行われてきた。住民の一員であることから，できる限り参加を推進すべきである。

政策プロセスと参加

政策の計画，実施，評価のプロセスごとに定住外国人の参加ができる。

政策計画プロセス
［第1ステージ］政策の創生 　政策課題の発見・設定
［第2ステージ］政策の錬成 　課題調査、先行事例 　最終目標の決定、基本政略の決定 　必要資源の見積り、達成手段等の検討 　庁内調整・合意、外部調整、合意
［第3ステージ］政策の公定 　方針決定、公表

政策実施プロセス
普及・啓発 誘導・支援 規制・指導

政策評価プロセス
内部評価 外部評価

情報公開

　在住外国人も，住民の役務の提供を受ける権利と負担を分任する義務（地方自治法第10条2項）がある。この権利行使と義務の負担の前提として，住民は正しい情報を知り，参加して意見をいうことができる。

　行政機関の保有する情報の公開に関する法律では，行政文書の開示を，国民に限らず，外国人・法人など何人でも請求できる。**情報公開条例**でも，開示請求権者の範囲を「市民」から「何人も」に改める例も増加している。

住民投票

　住民投票については，対応が分かれている。住民投票制度は，間接民主主義制度を補完し，住民の総意を的確に把握するための制度で，原理的には参加権に由来し，法的には執行機関等を拘束するものではないことから，本来，外国人市民も投票権者とすべきである（川崎市）。

　他方，政治的には，執行機関や議会は，投票結果に拘束されることから，実際の機能としては参政権的要素を持っている。また実務的には，住民投票制度は，選挙制度の仕組みを利用することもあり，投票権者を選挙権者に限定する条例も多い。

　市民の評価も分かれているが，今後，定住外国人が増加してくると，その意向を含めて判断した方が好ましい事例も増えてくる。画一的でない，柔軟な制度設計が必要になる。

38 活躍の範囲・対象④
外国人と消防団

> 法的制限はないが，これまで外国人は**消防団員**にはなれないという運用が行われてきた。近年は，外国人が消防団員になるケースが増えている。

消防団の特性と役割

　消防は広い概念で，火災における消火活動はもとより，台風，豪雨，地震などの自然災害時の救助活動・被害を防ぐ活動，事故災害における救助や救出活動など，国民の生命，身体，財産を脅かすあらゆる災害に対処する活動をいう。

　消防団は，次の特性を活かして，これら消防活動を行う。

- 地域密着性（消防団員は区域内に居住しまたは勤務していることから，地域の人々や事情に通じていること）
- 要員動員力（多数の団員の動員が可能なこと）
- 即時対応力（区域内に居住しまたは勤務することから，災害の際に即時に対応が可能なこと）

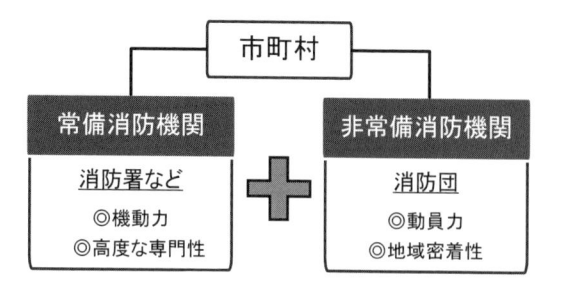

市町村 ／ 常備消防機関 ＝ 消防署など（◎機動力 ◎高度な専門性） ＋ 非常備消防機関 ＝ 消防団（◎動員力 ◎地域密着性）

権限と責任を有する非常勤特別職の地方公務員

　消防団員は，地域における消防防災の中核的存在で，権限と責任を有する**非常勤特別職の地方公務員**（他方，ボランティアとしての性格も有する）である。

　消防団員数は減少傾向で，平均年齢も上昇している。

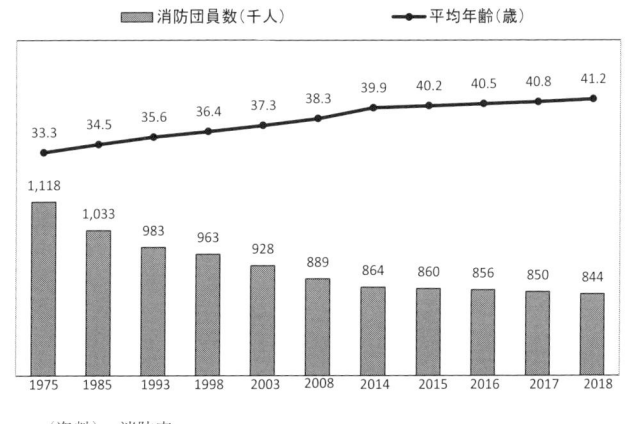

（資料）　消防庁。

多くの自治体で外国人消防団員がいる

　「消防団員は，現行法令上，消防吏員と同様に一定の公権力の行使を行う権限を与えられておりますことから，日本国籍を持たない者を消防団員に任命するかどうかにつきましては，各市町村において，公務員に関する基本原則及び現行法令上消防団員に付与されている権限等を踏まえて適切に対処をしていただくことが必要であると考えております」（第169回国会総務委員会平成20年5月15日）。地方ごとの判断に委ねるという答弁で，既に，147自治体で外国人消防団員がいる（2016年共同通信調査）。

> **民生委員**には，**国籍条項**があり，人格識見高く，広く社会の実情に通じ，かつ，社会福祉の増進に熱意のある者であっても，外国人は民生委員になることができない。

民生委員の職務

民生委員は，**民生委員法**に基づき，担当する地区において，

①住民の生活状況を必要に応じ適切に把握

②援助を必要とする者への相談，助言その他の援助

③福祉サービスを適切に利用するために必要な情報の提供

④社会福祉を目的とした事業や活動を行う者と密接に連携し，その事業や活動を支援

⑤福祉に関する事務所や他の関係行政機関の業務に協力

⑥その他，必要に応じて住民の福祉の増進を図るための活動

を行う。

行政協力機関的な性格とボランティアの二面性

民生委員の役割は救貧・防貧的な機能から始まり，生活保護法（1950年）で保護事務の執行に協力するものとして位置付けられ，社会福祉法の改正（2000年）で地域福祉の担い手としての性格が明確にされた。

基本理念は，「保護指導から相談・援助」に，性格は，「名誉職から給与を支給しない」に変更された。行政協力機関的な性格と

無償で地域福祉活動を行うボランティアと二面的な性格を有している（**官製ボランティア**）。

　身分的には**特別職非常勤**の地方公務員とされていて，秘密を守る義務，政治的中立も法定されている。

■　民生委員と国籍条項

　委嘱は，「当該市町村の議会の議員の選挙権を有する者」（民生委員法第6条1項）とされている。したがって，いくら人格識見が高く，広く社会の実情に通じ，社会福祉の増進に熱意があっても，外国人は民生委員にはなれない。

　しかし，民生委員・児童委員の職務は，公権力を行使できる権限を有していない（国は身分証を作成しておらず，身分を示すものとして，徽章を交付している）。「当然の法理」にたっても，民生委員に国籍条件を求めるのは，過度な要求といえる。

■　国政要件のない民生委員協力員

　近年，民生委員を取り巻く社会情勢は厳しさを増す一方，民生委員への期待は益々高まっている。そうした中，民生委員の負担感の増加，なり手不足の問題が生じている。相模原市の調査では，退任した民生委員の約8割が，民生委員活動に負担を感じている。

　そこで，民生委員の負担軽減と新たな地域福祉の担い手の掘りおこしを図るため，民生委員活動の補佐・協力をする「民生委員協力員」制度が導入されている。その選任要件は，民生委員とほぼ同様であるが，国籍要件はなく，外国人でも民生委員協力員になれる制度となっている。

40

活躍の範囲・対象⑥

コミュニティ（自治会への参加）

> 自治会・町内会の存在を知っている定住外国人は約6割。知っているが，半数近くは入っていない。主な理由は，**入り方が分からない**。

■ 外国人住民調査報告書（法務省）

　日本に居住する外国人を対象に，差別や偏見を感じた経験や，国の施策など，外国人をめぐる人権状況を把握することを目的とした調査である（調査期間平成28年11月14日〜12月5日）。

【調査事項】

　①住んでいる地域での日本人とのつき合いについて

　②日本社会における差別・偏見の有無について

　③外国人に対する差別的な表現について

　④差別や偏見をなくすための施策について

■ 自治会について「知っている」が多い

　地域の町内会や自治会という住民組織の存在について，「知っ

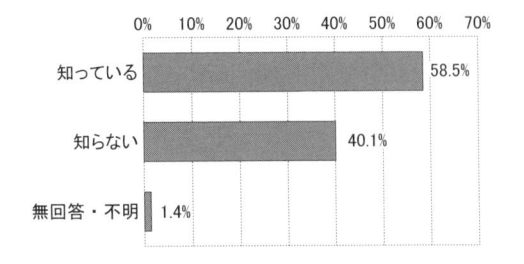

ている」(58.5％) が「知らない」(40.1％) を上回った。

自治会に「入っている」が若干多い

　住民組織の存在を知っている人で，「**入っている**」(51.3％) が，
「入っていない」(44.3％) を上回った。なお，「入っていたが退会
した」が3.4％いた。参加率は高いとはいえない。

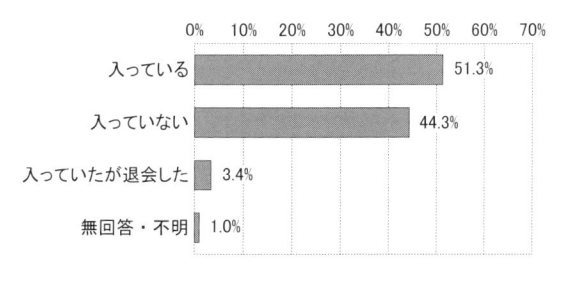

入らない理由

　入っていない（退会を含む）理由として，「**入り方がわからな
い**」(39.5％)，「入るメリットが感じられない」(31.0％)，「なじめ
ない」(12.8％) である。

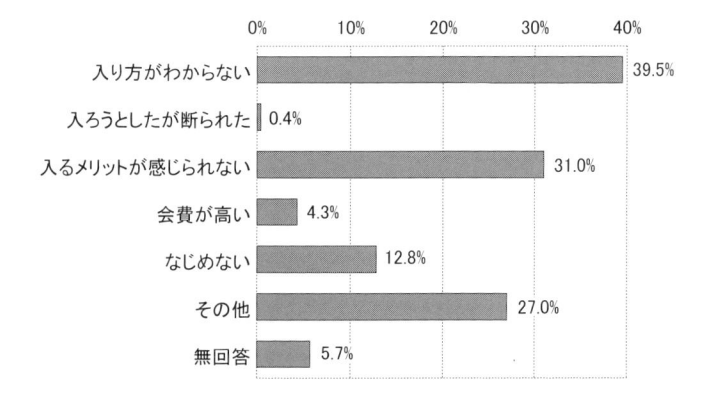

41

関係者とその役割

役割の明確化

政策の推進には，行政や地域，企業，学校だけでなく，**定住外国人自身も主体**となることが必要である。

関係者1　行政機関

定住外国人が活躍しやすい環境の整備として，活躍推進のための普及・啓発，基盤整備，誘導・支援などを行う。

| 国・自治体 | ・実態調査，意識調査，意識醸成，基盤整備
・補助金などの予算措置
・行政の関係各機関が一丸となった推進体制 |

関係者2　地域コミュニティ

定住外国人を地域の担い手として捉え，共に協力して，地域課題の解決やまちづくりにあたる。

| 自治会・町内会 | ・定住外国人を受け入れる土壌の整備
・地域住民と定住外国人が一体となったまちづくり |

関係者3　NPO

地域のことを良く知るNPOが，地域に点在する定住外国人や関係団体をつなぐ役割を担う。

| 国際交流団体 | ・専門性や地域に密着した活動を活かした，外国人コミュニティの把握や外国人材の発掘
・関係者との連携
・自治体とNPOが一丸となった推進体制 |

■ 関係者4　企業

　行政やNPOでは手の届かない，経済分野での定住外国人の活躍を後押しする。

企　業	・外国人の能力に着目した雇用の創出 ・関係者との連携により地域産業の活性化

■ 関係者5　義務教育機関

　将来，外国人児童が地域で生活していくための教育支援や日本人児童にも定住外国人の活躍の大切さを理解してもらう。

教育現場	・日本語指導や進学・就職支援 ・定住外国人の活躍の必要性と重要性を説く次世代教育

■ 関係者6　大学機関等

　優秀な外国人材である留学生の活躍を推進するための環境づくりを担う。

大学・専門学校	・留学生の日本国内での就職や起業の支援 ・留学生が地域に溶け込むための橋渡し

■ 関係者7　定住外国人

　活躍の主体としての自覚を持ち，周りの定住外国人も巻き込んで，日本社会と関わる。

定住外国人	・活躍の主体 ・他の定住外国人との連携

【MEMO】

第6章
定住外国人活躍政策の体系(1)
——認知・方針——

42　体系化の意義

43　首長のリーダーシップ

44　総合計画等への位置付け

45　現状把握

46　啓　発

47　啓発週間 (月間)

定住外国人が存分に活躍するには，「**認知・方針**」「**基盤整備**」「**推進**」「**持続**」という，4つの体系に基づき施策を講じるのが効果的である。

体系1：認知・方針

　認知・方針とは，活躍を認知してもらい，方針を決めるための施策体系である。

　まず，首長のリーダーシップのもと，定住外国人が地域社会で活躍をすることの意義やその実現に向けたプランを計画等に明確に位置付けることで，政策の推進主体となる自治体職員の意識を改革することが必要である。

　次に，定住外国人の置かれている状況を，正確に把握するため，意識調査や実態調査を行う必要もある。

　さらに，定住外国人自身による活躍や，彼らの活動を支える取り組みについて広く認知してもらうため，啓発週間のような普及施策の実施も求められる。日本人住民には自分たちにとってもメリットのある政策であることを，また外国人住民には地域の中に活躍の機会があることを理解してもらうことが大切である。

体系2：基盤整備

　基盤整備とは，活躍に向けた環境づくりに係る施策体系である。
　まずは，活躍政策が行政や日本人住民側の意向を一方的に押し

付けるものとならないように，定住外国人自身声を聴くための仕組みづくり（意識調査，パブリックコメント等）が必要である。

また，活躍の主体となってもらう定住外国人が，地域の中で安定した生活を営むことができるように生活基盤の整備を行う必要もある。具体的には，相談窓口の設置，医療・保健・福祉サービスの整備，災害時の情報発信，コミュニケーション支援，教育環境の整備，社会保険への加入促進などが挙げられる。

■ 体系3：推　　進

推進とは，さまざまなフィールドでの活躍を促す施策体系である。

長く地域に暮らしている定住外国人を新しくやってきた定住外国人の生活支援者として任命する制度，起業支援窓口の設置，定住外国人会議といった，外国人自身の主体性や創造性を後押しするための施策や，活躍を希望する定住外国人と彼らの手を借りたいと希望する人をマッチングさせる人材登録制度といった，日本人と外国人による協働を促す施策が有効であると考える。

また活動への意欲を高める表彰制度や，産官学の垣根を越えた連携も必要となってくる。

■ 体系4：持　　続

持続とは，活躍を継続性のあるものとする施策体系である。

人材の確保・育成，次世代教育といった環境づくりが基礎自治体には求められるほか，都道府県には，人材不足などの事情を抱える自治体を支援するための広域連携機関の設置が求められる。

また，国には基礎自治体の施策実施の根拠となる法令の整備や方針の明確化が望まれる。

43 首長のリーダーシップ

> 定住外国人活躍政策を推進するには，地方自治体の**首長のリーダーシップ**による全庁的な取り組みが必要となる。

地方自治体における現状

　定住外国人は，増加傾向にあるものの，全人口に占める割合は数％程度（全国平均で2％程度）にすぎず，その上，定住外国人には選挙権がなく，さらには政策として実施しなければならない法的な義務付けもないため，地方自治体としての**政策の優先順位が低く**なりがちである（人口減少・少子高齢化に悩む自治体では高齢者，子育て世代に施策が集中する）。

　現に，定住外国人を地域の構成員として認識し，総合計画といった計画に位置付けて，体系的・具体的に取り組んでいる自治体は少ない。多くの自治体では，多文化共生や国際交流・国際協力などが抽象的に推進が書かれている程度である。

首長のリーダーシップ

　こうした中で，定住外国人活躍政策を職員からのボトムアップで政策テーマにしていくのは，容易ではない。**首長のリーダーシップ**が不可欠である。

　地方自治体においては，法令や計画に基づいて施策に取り組むため，法令で義務付けがない以上，総合計画といった計画に位置付ける必要があるが，こうした計画には，首長の公約やローカ

ル・マニフェストで示す施策と整合性を図って策定されることが多い。

そのため，首長自らが，定住外国人の活躍が地域の持続的な発展に有益であるということを認識し，自治体の政策の1つに位置付ける必要がある。

浜松市では，市長のリーダーシップのもと外国人市民の多様性を生かしたまちづくりをするために，外国人市民のまちづくりへの参画促進や多様性を生かした文化の創造・地域の活性化等を重点施策とする「浜松市多文化共生都市ビジョン」を策定した。

また，この施策の推進にあたっては，職員や住民を巻き込みながら全市的な取り組みとするために，進捗管理や情報交換について，行政だけでなく施策の推進に携わる団体を構成員として協議会を開催し行っている（オール浜松体制）。

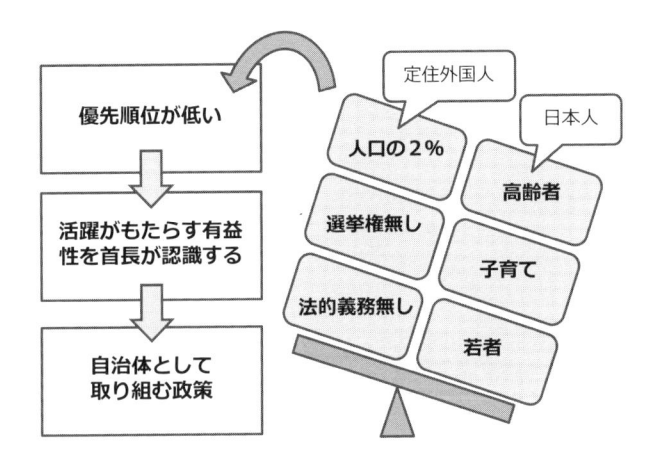

> 政策実施の法的な義務付けがないため、地方自治体が政策を実施するためには根拠（**総合計画等への位置付け**）が必要である。

総合計画への位置付け

2011年の地方自治法改正で、総合計画策定の義務付けはなくなったが、地方自治体の最上位の計画として、総合計画を策定している自治体は多い。総合計画は、自治経営全般の基本的な理念や方針、主な事業を示すものであり、自治体は、この計画に沿って施策、事務事業を展開していく。

定住外国人活躍政策が、**総合計画に明確に位置付け**られることで、全庁的に取り組むことができるとともに、住民に対しても、自治経営にとって重要な政策課題であることを発信できる。

活躍基本計画（活躍ビジョン）の策定

総合計画は、行政全般におけるまちづくりの方向性を示したものであるため、具体的な政策については、総合計画に沿って、都市計画、福祉、教育などの分野別計画を策定する場合が多い。

この分野別計画として、**定住外国人の活躍政策に対する計画やビジョン**を策定する。

浜松市では、市民の多様性を活かしたまちづくりを目指すため「浜松市多文化共生都市ビジョン」を策定している。

ビジョンの策定段階では担当課が各課にヒアリングを実施する

ことで，全庁的な取り組みとしての意識付けを図るとともに，ビジョンに掲げた施策の実施段階においては，行政だけでなく施策の推進に携わる団体を構成員として協議会を開催し，進捗管理や情報交換を行っている。

自治体における憲章・宣言

総合計画等に直接位置付けるまでとはいかないとしても，自治体におけるまちづくりの理想像を示し，その実現に向かう意欲を表明する憲章として，市民憲章のほか，高齢者憲章，子ども憲章，女性憲章などがあるように，日本人と定住外国人との共生・連携をうたった憲章を定めることもできる。

また，自治体の姿勢や考え方を住民や他の自治体に対して表明する宣言として○○都市宣言があるように，定住外国人との共生・連携を内容とする都市宣言をすることで自治体が政策を実施する根拠となる。

PICK UP!

浜松市多文化共生都市ビジョン

静岡県浜松市では，浜松市総合計画の分野別個別計画の1つとして2012年度に「浜松市多文化共生都市ビジョン」を策定し，2018年度からは「第2次浜松市多文化共生都市ビジョン」の計画のもとで多文化共生社会の実現を目指している。

このビジョンでは，外国人市民の支援を中心とした取り組みにとどまらず，外国人市民をまちづくりの重要なパートナーと捉え，「協働」「創造」「安心」の3つを施策体系の柱として，誰もが活躍できる地域づくりに取り組むこととしている。

45 現状把握

> 全国の自治体では，概して定住外国人の現状・実態を十分に把握しているとはいい難く，意識調査を行うなどきちんとした**現状把握**が必要である。

現状把握の必要性

定住外国人は，増加傾向にあるものの，人口に占める割合から自治体の定住外国人に対する意識は低く，多くの自治体は人口減少や少子高齢化に対する政策を主としており，これらは日本人を意識したものとなっている。そのため，自治体は定住外国人の現状・実態について把握できていない。

自治体が定住外国人の活躍政策に取り組むにあたっては，他の政策と同様に課題を認識するとともに，**定住外国人の現状や実態を把握**する必要がある。

外国人住民の意識実態調査（アンケート）

自治体として，政策を進める上では住民の意識をきちんと把握することは不可欠であり，定住外国人に係る政策を進める上でも，**外国人住民の意識・実態調査**は必須である。

同時に，日本人住民の政策に対する理解は不可欠であるので，日本人住民についても，併せて意識調査をする必要がある。

浜松市では，多文化共生のまちづくり整備のために外国人住民と日本人住民の双方の意識を把握するためにアンケートを実施し

ている。

外国人住民を対象とした主な調査項目
• 性別，年齢，国籍等の基本属性 • 福祉，教育，雇用，防災等の生活環境 • 地域コミュニティ　等
日本人住民を対象とした主な調査項目
• 性別，年齢等の基本属性 • 外国人住民に対する印象 • 外国人住民との交流　等

関係部署で行っている施策の把握

　定住外国人に関する施策は，自治体業務の中でも，福祉，教育，雇用，防災，地域振興など担当部署が多岐にわたる。

　そこで，定住外国人活躍政策を中心となって推進する**担当部署**を決める必要がある。

　その上で，どの部署でどんな施策を講じているのか，相互の事務の関連性，対策の過不足を洗い出すことで，今後，進むべき方向性を明確化することができ，重点的に取り組むべき施策，効率的・効果的に取り組む施策が見えてくる。

関係機関・団体の情報把握

　定住外国人とつながりを持つ団体や機関，多文化共生の推進に携わる各種団体・関係機関等との情報交換等を行うことで，より多くの情報を共有するとともに，NPOをはじめとする**さまざまな機関との協力関係**を築くことができる。

46 啓 発

> 定住外国人との共生や活躍の必要性や意義を理解・共感するための**普及・啓発**活動も重要である。

なぜ今，日本人ではなく，外国人政策なのか

自治体が定住外国人活躍政策を講じ，そこに予算を投入する時，「なぜ，日本人ではなく，外国人なのか」，「日本人に対するサービスも十分ではないのに……」との疑問を持つ日本人住民もいるだろう。

このような状況の中で，唐突に外国人へのスポットを当てても，むしろ住民の反発を招きかねない。

そうならないためには，定住外国人活躍政策の必要性や意義を**丁寧に日本人住民へ伝え，理解を得ること**が必要となってくる。

他人事から自分事へ転換する

啓発にあたっては，「**他人事から自分事への転換**」という観点にも配慮すべきである。定住外国人との共生は，誰かが何とかしてくれるではなく，1人ひとりが当事者として，取り組む必要があるからである。

定住外国人活躍政策は，自分や家族の暮らしやすさや将来と直結していることから考えていけば，容易に自分事として理解できる。自分が外国に定住した場合を想像すれば，何をすべきかも理解できるだろう。

多様性の尊重と歩み寄り

外国人との共生では，言語，宗教，慣習などの違いに起因するさまざまな問題の発生が懸念される。**違いを尊重**するとともに，ともに暮らすには，**互いの歩み寄り**も必要になる。

そのバランスを取るのは容易なことではないが，乗り越えていかなければ，平穏で活力ある暮らしをつくることはできない。

国の具体的啓発施策

2018年に第3回外国人材の受入れ・共生に関する関係閣僚会議により，「**外国人材の受入れ・共生のための総合的対応策**」が取りまとめられ，具体的施策として以下の4施策を示している。

【国際ワークショップ】 外務省と国際移住機関等との共催による「外国人受入れと社会統合に関する国際ワークショップ」を開催し，海外の先進事例の紹介，地方自治体等の国内関係者によるパネルディスカッションを通した日本人の意識啓発を行い，外国人の受け入れ施策を講ずるための知見を得る機会とする。

【啓発月間】 毎年6月を「外国人労働者問題啓発月間」とし，関係省庁が緊密な連携を図りつつ外国人労働者問題に関する啓発活動等を行うこととしている。

【心のバリアフリー】 法務省の人権擁護機関による「心のバリアフリー」を進める取り組みについて，地方公共団体等と連携した啓発活動等をさらに推進する。

【多言語対応】 法務省の人権擁護機関における人権相談や調査救済手続きについて，8か国語をめどに多言語対応を進めていく。

啓発週間（月間）

> 啓発強化週間や月間を設定し，定住外国人政策の必要性や意義について積極的な周知・啓発活動を行う。

定住外国人への親しみを築くための強化週間（月間）

　啓発強化週間や月間を設定して，この時期，特に力を入れて定住外国人の活躍の意義を理解し，また活躍の実際に触れる環境をつくるものである。注目を集めることで，興味のない人にも，効果的に周知することができる。

　主な催し物としては，次のようなものがある。

- 定住外国人の活躍事例をポスターなどで周知
- 活躍事例の発表会の開催
- 地域のお祭りなどで定住外国人自身による催し物の実施
- 異文化を取り入れたパレードの実施
- マスコットやロゴマークを取り入れた親しみやすいユニホームの作成

外国人労働者問題啓発月間（厚生労働省）

- 実施期間　毎年6月の1か月間
- 主な内容
(1)啓発月間ポスター・パンフレットの作成・配布
(2)事業主団体などを通じた周知・啓発，協力要請
(3)個々の事業主などに対する周知・啓発，指導

(4)技能実習生受け入れ事業主などへの周知・啓発，指導

(5)各種会合で事業主などに対する周知・啓発などの実施

(6)留学生や専門的・技術的分野の外国人の就職支援の実施

(7)労働条件等の相談窓口の周知

PICK UP! ロゴマークの活用

　　啓発活動を推進していくためには，活動の理念を表現するシンボルを作成することも効果的である。研究会では，ロゴマークを試作してみた。

「ロゴマーク」

定住外国人活躍政策の基本理念であるトライアクションの"Tri"を連想させる三角形を用いたロゴマーク。大中小の3つの三角形の組み合わせによって描かれた様は，協働，主体性，創造による活躍が，バランスよく推進されることを願ったものである。

PICK UP! マスコットキャラクターの活用

　　マスコットキャラクターの作成も定住外国人をより身近に感じさせる方法の1つとして有効だろう。当研究会にて試作してみた。活用フリーなので，大いに使ってほしい。

「マスコットキャラクター」

　　ロゴマークの形を活かし日本の工芸品であるこけしを連想させるようなデザインのマスコットキャラクター。色合い，髪型，表情を変えることで，多様な国の人たちを表現でき，どの国の人たちにも親しんでもらいたいという願いが込められている。

【MEMO】

第7章
定住外国人活躍政策の体系(2)
――基盤整備――

48 外国人の声を聴く仕組みづくり

49 相談体制

50 医療・保健・福祉サービス

51 災害発生時の情報発信・支援

52 円滑なコミュニケーションの実現

53 教育環境

54 社会保険への加入促進等

48 外国人の声を聴く仕組みづくり

少数ゆえ外国人の本音や想いは埋没しがちである。**外国人の声を聴く仕組み**づくりが必要である。

定住外国人の声を聴く仕組み

　広聴制度は，多様な意見や情報を収集し，分析して，住民の真意や本音を探り，それをデータとして，蓄積と類型化して，政策に反映するものである。

　外国人も広聴制度の対象であるが，もともと少数であり，外国人にとって，利用勝手もよいとはいえないので，外国人の本音や真意，抱える課題等が埋没してしまうおそれもある。

　定住外国人の声を適切に聴ける**実践的で効果的な広聴制度**を考える必要がある。

【主な広聴制度】

- ●審議会・市民会議・協議会
- ●行政と住民によるまちづくり懇談会
- ●パブリックコメント
- ●市民意識調査
- ●市政モニター

多文化共生の推進に携わる各種団体・関係機関との連携

　国際交流協会などの多文化共生を推進している団体や機関においては，外国人とのつながりを持っているため，こうした**関連団**

体や機関との連携体制を築くことで，外国人住民からより本音に近い意見等を聴くことができる。

外国人住民からの意見聴取

外国人住民から意見を聴く仕組みの制度設計にあたっては，

- 意見をいいたいと思った時にいえるようになっているか
- 窓口がわかりやすく明確になっているか
- 初期対応が，外国人の不安に対応できるレベルに達していることが要件となる。

外国人住民の実態を把握するために，アンケートは必要であるが，さらには外国人の「想い」に耳を傾け，日常や社会生活上における状況を的確に把握するためには，ヒアリング調査も有用である。

さまざまな国の外国人が集まり，外国人同士で直接，顔と顔を合わせて意見交換ができるタウンミーティングも開催したい。外国人同士の異文化交流にもなる。

留意すべきこと

外国人は少数ゆえ，外国人に特に配慮した広聴も必要になるが，これが外国人のみの切り離しや特別扱いにならないようにも留意すべきである。

タウンミーティングでは，共に暮らす日本人住民も参加し，双方が知恵を出しながら，より良いアイデアが生まれてくるような運営に留意すべきである。

49 相談体制

定住外国人の抱える課題はさまざまで，ニーズに合致した，**きめ細やかな相談体制**が必要である。

定住外国人の相談窓口の設置

外国人が，在留手続きなどのほか，雇用，医療，福祉，出産・子育て等の日常生活におけるさまざまな疑問や悩みに対応でき，適切な情報の提供ができる**相談窓口**を自治体へ設置する。

都道府県や政令指定都市，外国人が集住する自治体においては，個別の設置も考えられるが，外国人住民が少ない自治体においては，**近隣自治体と連携**して，国の支援制度を活用しながら，多文化共生総合相談ワンストップセンターなどの設置を進めることが必要である。

多言語化に対する取り組みの推進

外国人にとっては，言葉や習慣の問題もあり，行政手続きやごみ分別などの生活上のルールなど，不安も多い。外国人住民の不安軽減とトラブル削減のためにも，正確な情報提供，気楽な相談窓口が必要になる。

通訳者を自治体の窓口に配置することが好ましいが，多言語化の中で，すべてを用意することは困難である。多文化共生を推進している団体や関係機関との連携，さらには**既に居住している外国人**に，通訳ボランティアを委託することも考えてみたい。

また，**タブレット**等を設置して，多言語音声翻訳機能を活用し，外国人住民の多言語化に対応する方法も実践的である。

SNSの積極的な活用

外国人は，日本での生活情報の収集には，**インターネット**や**SNS**を利用する傾向にある。これらを活用した相談体制の整備が必要である。

SNSは，人のつながりを通して，情報をやり取りできるという強みを持っている。外国人が，友達同士で，情報に返信したり，他者に拡散することができるという，きめ細やかな情報交流機能が強みである。

SNSを使えば，相談だけにとどまらず外国人住民に対する行政情報，生活情報やイベント情報の提供が迅速に行き届き，また，情報がどの程度届いているのかについて把握しやすい。

地震等の自然災害に対しても，個別に警報等の情報提供，情報発信ができる。

なお，こうした情報発信にあたっては，普通の日本語よりも簡単で，外国人にもわかりやすい「やさしい日本語」で取り組む必要がある。

PICK UP!　転入外国人に対する情報提供のための「ウェルカムキット」等の配布

自治体への転入外国人に対し，住民登録の際に十分に地域情報を提供できるように，多言語情報などを1つの袋にまとめた「ウェルカムキット」や生活情報を掲載したリーフレットなどを配布し，外国人住民に地域のルールを伝えている。神奈川県内では，横浜市や大和市国際化協会等で配布している。

50 医療・保健・福祉サービス

定住外国人の活躍には，**医療・保健・福祉サービスの整備**が前提インフラとなる。

現状と課題

横浜市の調査（2013年7月）では，在住外国人が困っていることの第3位が「病院・診療所に外国語のできる人がいない」（14.4％）である（「日本語の不自由さ」（24.7％），「仕事さがし」（16.7％）に次ぐ）。

言葉がうまく通じない，周囲とのつながりに乏しいことなどが，医療・保健・福祉サービスに関する情報格差となり，それが受診の遅れや治療の継続困難につながりやすい。

有為な外国人材を獲得するのには，「医療面と子弟の教育面の受け入れ」がポイントといわれるが，**医療・保健・福祉サービスの整備**は，定住外国人活躍の前提となる。

医療サービスの課題

外国人も日本人と同様に，健康保険に加入することとされており，医療等の給付を受けることができる。しかし，現実には保険未加入の外国人が少なくなく，加入しても保険料を滞納して，受診を控える結果となる場合もある。

また受診にあたっても，外国語で診療を受けることができる医療機関は限られている上，医療用語は難しく，病院の受診・入院の際に，自分や家族の症状を正確に伝えられない，医師の診断や

措置の説明を理解できないといった課題もある。

医師や看護師側も，言葉の障壁から，症状などがつかみにくく，確定診断に時間がかかり，余分な検査をするといった課題もある。医療通訳システム等の総合的な整備が急務である。

保健サービスの課題

ニューカマーと呼ばれる外国人は，生産年齢人口が多いということもあって，**母子保健サービス**へのニーズが高い。

定住外国人は，日本人に比して，乳児死亡率など母子保健指標は悪く，母子保健サービスの利用率も低い。これは母子保健制度の存在そのものを知らなかったり，その活用方法がわからない等が背景としてある。

また，外国人が，異国のシステムに適応するのは容易なことではなく，文化・風習の違いや経済的問題等から生じるストレスなど，定住外国人特有の精神保健も重要な課題である。

言葉とつながり・自治体の役割

医療・保健・福祉サービスを支える基盤が，「**言葉**」と「**つながり**」というコミュニケーションの基本事項である。

定住外国人が言葉の壁を乗り越えられるよう，自治体は定住外国人の日本語習得の機会づくりを強化する必要がある。

また定住外国人同士あるいは日本人との間につながりがあれば，Face to Faceでほしい情報や知識を知ることができるために，自治体は定住外国人のつながりづくりに，重点的に取り組むべきである。

51 災害発生時の情報発信・支援

> 命に関わる災害発生時の情報発信・支援などは，早急に**多言語対応**する必要がある。

防災・気象情報の多言語対応

外国人が，防災・気象情報に容易にアクセスできるよう**多言語化**が進められている。防災・気象情報に関する「多言語辞書」の充実（11か国語），気象庁ホームページの多言語化（11か国語），緊急地震速報や気象特別警報等の緊急情報を発信するアプリ「Safety tips」の多言語化（11か国語）である。

こうした対応等について，地方自治体は，政府や外国人材の受け入れ機関，登録支援機関と連携して，周知・普及促進に努める必要がある。

災害時外国人支援情報コーディネーターの配置

災害発生時，避難所などにおいて，収受した情報を整理し多言語への翻訳等を通じて外国人被災者へ的確に伝えるとともに，被災者のニーズを把握して自治体職員等へ伝達するなど，収集した情報と把握したニーズをマッチングする役割を担うのが，**災害時外国人支援情報コーディネーター**である。

コーディネーター機能が的確に発揮されるには，情報コーディネーターとなる者が平常時から関係団体等と連携を図っておくことが重要であることから，日頃から外国人対応に習熟している自

治体職員や，国際交流協会等の職員が担い手として想定されている。

　総務省では2020年を目途に，都道府県及び指定都市での配置が可能となるよう養成研修が既に実施されているが，早期の配置が求められる。

■　「やさしい日本語」での情報伝達

　長崎県佐世保市では，災害時の情報伝達について，普通の日本語よりも簡単で外国人にもわかりやすい日本語である**「やさしい日本語」**での防災行政無線放送を実施している。たとえば「避難」を「逃げる」，「危険」を「危ない」と言い換えており，外国人にとっても，日常的でわかりやすい表現となっている。

　佐世保市では市のウェブページには，「やさしい日本語」についての説明及び放送文例を掲載し，発生した災害の種類に応じてどのような放送がされるかを周知している。

■　多言語対応まちあるきアプリを活用した避難誘導

　静岡県藤枝市では，多言語対応まちあるきアプリ**「ふじえだ歩き」**を活用した避難誘導情報を提供している。

　「ふじえだ歩き」は，藤枝市が作成した市内の店舗や各種施設などを紹介する4か国語に対応したスマートフォン用アプリであるが，災害情報などの発信機能を持たせることで災害時の防災ツールとしても活用している。具体的には，利用者の周辺にある防災施設（災害時の指定避難所等）の表示やそこまでのルート案内，地震情報や気象情報，緊急災害情報等をアプリ上でリアルタイムに受信できるものになっている。

円滑なコミュニケーションの実現

円滑なコミュニケーションには，**日本語教育**の拡充と教育環境の整備は必須である。

日本語学習者数は増加傾向，日本語教育実施機関数は横ばい

　国内の**日本語学習者数**は，東日本大震災の影響等を受けて一時減少したが，長期的には増加傾向であり，2017年度は約24万人で過去最高となった。その一方で，**日本語教育実施機関・施設**等の数は，直近6年間ではほぼ横ばい状態である。

　外国人が日本で円滑に生活を送るためには，日本語を読む・書く・話す必要がある。日本語を学びたい外国人に対して，適切に教育を受けられる場を増やし，内容の充実を図っていくことは急務である。

（出典）　文化庁「国内の日本語教育の概要」より作成。

日本語教育推進法の施行

2019年度には**日本語教育推進法**が成立し、自治体の責務が明記された。

その基本理念として、「日本語教育の推進は、国内における日本語教育が地域の活力の向上に寄与するものであるとの認識の下に行われなければならないこと」が明示された。

地方自治体は、その地域の実情に応じ、当該地方自治体における日本語教育の推進に関する施策を総合的かつ効果的に推進するための「基本的な方針」を定めるよう努めるものとなった。

日本語学校，日本語教室

生活者としての外国人が、日本語を学ぶ場所としては、日本語学校と日本語教室がある。

日本語学校は、主に日本の大学や専門学校への進学を前提とした留学生が多数を占める日本語教育機関である。

日本語教室は、市区町村や国際交流協会、ボランティア団体等が開催している。公共施設や学校の空き教室等で開かれ、地域のボランティアの協力によって運営されているところが多いため、日本語を学習しながら地域の人たちと交流し、生活の情報を得ることができる。地方自治体が廃校やシャッター通りといった社会問題の解決等と絡め、設置することは可能である。

各自治体は、地域の状況に応じて、教室の開設のためのアドバイザー派遣やその育成プログラム作成等の支援、教室の設置が困難な場合に自学自習が可能で多言語に対応したICTを活用した日本語学習教材の開発・提供、子どものいる外国人のために託児室の併設や学費の補助等といった対応が求められる。

53 教育環境

外国籍児童生徒への教育支援には，**母語支援者などの協力**が不可欠であり，そのための体制づくりを行う必要がある。

教育大綱等への明確な位置付けが必要

定住外国人の子世代に対する教育基盤の整備については，外国人集住都市のような一部の市町村に限った課題ではなく，今後，どの市町村においても起こりうる課題となっている。外国人児童生徒への教育の必要性を**教育大綱**や**教育方針等へ明確に位置付け**，各学校や地域に対し示すことが重要である。

外国人児童生徒の在籍実態を把握することが重要

日本語指導が必要な外国人児童生徒については，一つの学校に少数で在籍する「**散在化**」と，多数で存在する「**集住化**」の二極化の傾向が見られている。散在地域では集住地域で培われてきたノウハウがそのまま活かせないといった課題もあり，体制づくりを行う前に，どのような母語を話す外国人児童生徒が各学校にどのくらい在籍しているのかといった，実態把握が重要である。

教員の負担を減らす教育体制を構築する

日本語指導について特別の教育課程を編成・実施が可能となるよう制度の整備が図られたが，一方で，日本語指導職員の加配措置が難しいという現状がある。

そこで，**コーディネーターや母語支援者**となるようなボランティアを**地域内で発掘・育成**し，教育現場と結びつける方法が有効である。

　また，支援者が地域外に住む場合には，タブレット端末で遠隔授業を行うなど，ICT技術の活用についても開発する必要がある。

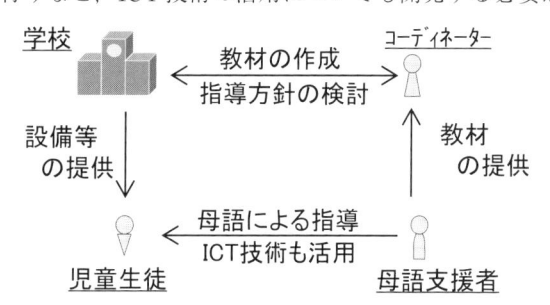

　京都市では，中国残留邦人の集住地域などにある市立小中学校を中心に，日本語指導職員の加配措置などの支援施策を講じてきたが，2014年，集住地区だけでなく少数在籍校にも同様の支援が可能となるよう体制づくりを行った。

(1)拠点校の配置等による指導体制のモデル化

　日本語指導担当教員や母語支援員が在籍する拠点校を東西南北に配置することで，支援可能な人材の迅速な派遣が可能となった。

(2)「特別の教育課程」による日本語指導の実施

　拠点校から日本語指導担当教員が対象児童生徒の在籍する学校を巡回し，日本語の理解度に応じた指導を行う方式を取ることで，少数在籍校においても同様の支援を行うことが可能となった。

（参考）　子どもの日本語教育研究会「2016年大会報告」。

社会保険への加入促進等

外国人も**社会保険**に係る応分の負担をした上で給付を行う仕組みを徹底する必要がある。

社会保険の仕組み

社会保険とは，さまざまなリスクに備えて，人々が保険料を出し合い，事故にあった人等に必要なお金やサービスを給付する仕組みである。

現在，日本の社会保障には，病気・ケガに備える「医療保険」，年を取った時や障害を負った時などに年金を受け取る「年金保険」，仕事上の病気・ケガや失業に備える「失業保険」（労災保険・雇用保険），加齢に伴い介護が必要になった時の「介護保険」がある。

社会保険の財源は保険料が中心であり，それは被保険者本人だけでなく，被保険者を雇用する事業主も負担することが原則となっている。

外国人が生活する上で，社会保険は重要な**セーフティーネット**であるが，彼らを雇用している事業主の中には社会保険への加入手続きを行っていない場合や，在留外国人による医療保険の不適切な利用ケースが存在することから，その適正な利用の確保に向けた取り組みを進めていく必要がある。

一方で，給付の観点から見ると，医療，介護，労災の各保険は加入期間に関係なく給付を受けられるが，年金については，老齢

年金を受けるためには10年以上保険料を納付することが必要である。そのため，外国人労働者が一時的に日本で就業した場合などは，原則として年金受給権を得られないといった課題がある。

■ 具体的対策

区　　分	対　　策
事業所への指導	・社会保険への未加入事業所に関し，事業主の呼び出し，訪問指導
不正受給等	・国民健康保険・国民年金の保険料滞納者については在留期間更新等を認めない ・いわゆる「医療滞在ビザ」で来日している外国人について，健康保険の対象外とする ・いわゆる「なりすまし」を防ぐため，医療機関における本人確認の徹底
社会保険への加入促進	・国民健康保険について，離職時等に年金被保険者情報を活用しながら行う加入促進の取り組みを推進 ・外国人の国民健康保険制度への加入促進のための取り組みへの支援 ・在留期間更新時やハローワークにおける求人受理時等において，関係行政機関の連携により外国人の社会保険への加入促進 ・日本出国に際し，年金の被保険者資格を喪失した場合の脱退一時金の受給促進 ・日本と相手国との間で年金加入期間を通算することができる社会保障協定の拡大
滞　　納	・特定技能外国人の受け入れに関する審査にあたり，受け入れ機関における納税義務の履行状況を確認 ・個人住民税の滞納対策として，特別徴収を促進

【MEMO】

第8章
定住外国人活躍政策の体系(3)
——推進——

55 生活支援コーディネーター

56 定住外国人材バンク

57 起業支援

58 表彰制度

59 パートナーシップ会議

60 自治体間連携

61 関係団体間での連携

55 生活支援コーディネーター

日本の生活に慣れている定住外国人を**生活支援コーディネーター**に任命し，外国人の日本における暮らしを支援する。

定住外国人の活躍には互いを理解する術が必要

横浜市の調査（平成25年7月）では，在住外国人が困っていることの第1位が「日本語の不自由さ」(24.7%) である。

定住まもない外国人は，日本語をうまく喋ることができず，日本の文化に疎かったりする結果，地域住民から距離を取られてしまったり，衝突が起きたりする。

これらは，言葉や文化の違いによりすれ違いが生まれ，互いを理解する術を持たないことにより生じている。

コーディネーターの役割

その解決策の1つが，日本に長く住む定住外国人をコーディネーター（世話人）に任命して，日本人と外国人をつなぐ役割を果たしてもらうことである。

細かな地域のルールは，かつてその問題に直面したことがあり，今ではそれを熟知している同じ国出身の定住外国人がレクチャーする方が，理解も進む。

また，コーディネーターには，自国の文化や習俗を地域へ伝え，あるいは日本人が外国人に対して持つ疑問や悩みを外国人に伝える役割も期待したい。

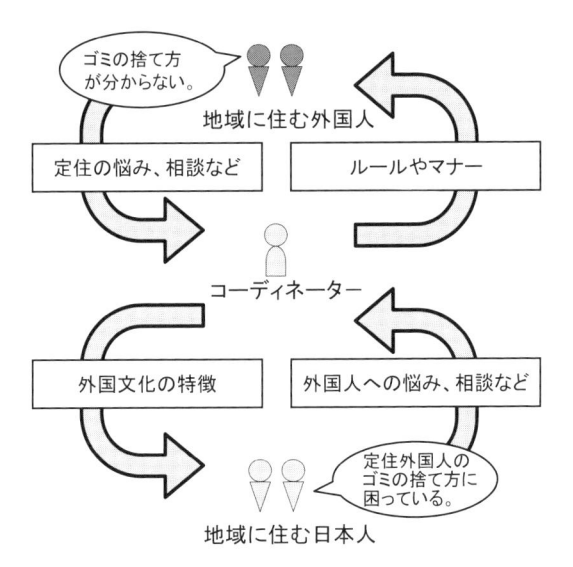

地域に住む外国人

> ゴミの捨て方が分からない。

定住の悩み、相談など

ルールやマナー

コーディネーター

外国文化の特徴

外国人への悩み、相談など

> 定住外国人のゴミの捨て方に困っている。

地域に住む日本人

いちょう団地祭り

　　横浜市と大和市にまたがる神奈川県最大の公営住宅で多くの外国人が集住するいちょう団地では，毎年10月に住民が中心となり祭りを開催している。住民の約2割が外国人ということもあり，国際色豊かな祭りとなっている。特にベトナム国籍の住民が多く，リトルベトナムなどとも呼ばれ，祭りの屋台にはベトナム料理をはじめとした多くの国の食べ物が並ぶ。

　　この祭りを通して，地域住民は地域の中で活躍する外国人を構えることなく自然に感じることができ，外国人を理解する良いきっかけとなっている。

56

定住外国人材バンク

定住外国人の思いや能力と地域のニーズをマッチングさせる方法の1つが，**定住外国人材バンク**である。

定住外国人と地域の出会いの場

定住外国人の中には，地域貢献意欲やボランティア参加意欲を持ち，その能力を地域や社会のために活用できたらと考えている人もいる。他方，地域社会は国際化社会に順応するために外国人の能力を必要と考えており，定住外国人の活躍に対して一定の需給は存在している。

しかし，多くの地域は，定住外国人の能力・想いと地域のニーズや希望を結び付ける術を持っていない。

定住外国人材バンクは，両者を結び付ける「出会いの場」である。

定住外国人材バンクの役割

外国人ならではの経験，知識，技能等を有する人材を発掘し，その協力を通じて，地域活動，まちづくり活動の活性化を図るものである。

●登　　録

活躍を望む定住外国人とその能力を必要としている地域団体や企業などが定住外国人バンクに登録する。

●マッチング

登録された人や企業などから，適材適所を探し出し，能力と活躍の場を結び付ける。

定住外国人材バンクの利点

定住外国人材バンクの効果により，定住外国人は地域に貢献できたという達成感を得ることができ，能力を活用した企業などは低コストで目標を達成できることになり，相互利益をもたらすことができる。

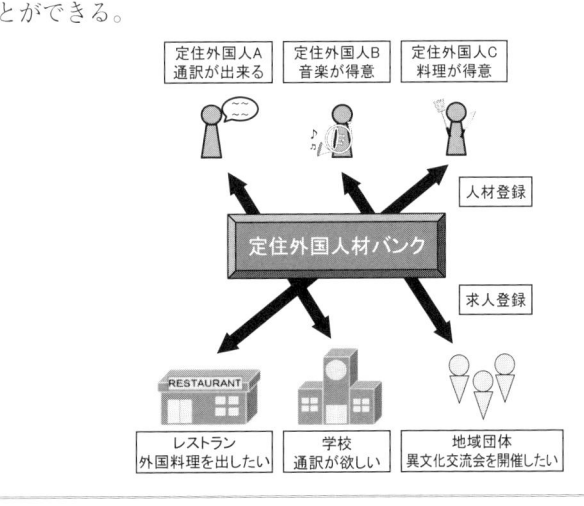

57 起業支援

> 定住外国人の**起業**を支援して，生活の基盤の安定は図るとともに，地域経済の活性化を図る。

外国人にとって日本での起業には大きな魅力がある

　外国人が日本で起業をする場合は，「永住者」や「高度専門職1号・2号」などの在留資格のまま起業できる人と，新たに「経営・管理」の在留資格（経営管理ビザ）を取得する2つのケースがある。

　近年，**日本で起業する外国人**数は着実に増えている。ここ5年を見ても，おおよそ倍近い数となっている。この数字は経営管理ビザを取得した人だけの数値なので，永住ビザで起業した人も含めると，実際には，もっと多くの外国人が起業している。

■ 外国人の経営管理ビザ取得者（人）

5年で外国人起業家が倍増！！

2013年	2014年	2015年	2016年	2017年	2018年
13,439	15,184	18,109	21,877	24,033	25,099

（出典）法務省在留外国人統計（旧外国人統計）より作成。

経営管理ビザを取得するには，事務所の開設に加え，常勤の職員を2人以上雇用するか，資本金の額または出資の総額が500万円以上等の要件を満たす必要がある。これは多くの外国人にとっては厳しい要件なので，要件を緩和し，外国人起業家を呼び入れようとする動きが各自治体に広がりを見せている。

外国人創業人材受入促進事業，いわゆる**スタートアップビザ制度**は，国際戦略特区の入管法の特例を活用し，起業スタート時に整っていなくても，創業活動を始めることができる制度である。

国家戦略特区に指定されている福岡市では，2015年度から全国に先駆け，スタートアップビザ制度を開始した。

市は，要件の整っていない外国人起業家からの申請を受け，今後1年以内に経営管理ビザの要件を満たす見込みがあると判断すれば，最長1年間の在留資格「特定活動」が認められる。外国人起業家は，起業をした上で，その在留期間中に経営管理ビザの要件を満たせばよい。

また，起業をする上で，独自の支援体制も整えている。

スタートアップカフェは，気軽にコーヒーを飲みながら，相談できるスペースをコンセプトに，起業の準備や起業後の相談ができる施設である。相談員が常駐し，起業の流れやアイデアの整理，事業計画の作り方，テストマーケティングの方法，商品やサービスのフィードバック（改善策の提案），海外でのビジネスの展開など，業種を問わず幅広い相談ができる。外国語対応可能なコンシェルジュも常駐して，外国人起業家が気軽に足を運びたくなる仕組みづくりを行っている。

58 表彰制度

日本で活躍する外国人とその活躍を支援する団体・事業所を表彰するもので、「活躍の見える化」の役割を果たすものである。

表彰は、定住外国人の活躍や支援の後押しとなる

定住外国人、定住外国人の活動を支援する団体、積極的に定住外国人を雇用している事業所などを表彰することは、名誉や名声などの**社会的誘因**や満足や生きがいなどの**心理的誘因**となるとともに、事業所などにおいては、地域での社会貢献活動者というイメージアップや企業PRにつながり、**経済的メリット**が得られる。これらが人や組織のさらなる活躍や支援の後押しになる。

表彰制度をうまく活用すれば、定住外国人の活躍やその活躍を支える団体・事業所の成果を**見える化**でき、地域社会の関心を集め、定住外国人の活躍への意欲を高めることもできる。

また、表彰される他の模範となるべき優れた先駆的・継続的な活動は、外国人の活動を支援する団体等の参考になり、それをヒントに活動が広がるきっかけにもなる。

実利的なインセンティブにも知恵を絞るべき

表彰の内容としては、賞状や記念品等の授与や被表彰者の広報媒体での公表といった例が一般的であるが、**実利的なインセンティブ**を提供することも考えてよい。例えば、地域商店街で使えるプレミアム商品券を副賞にするといったものが挙げられる。

また従来は有償であることが多い自治体ウェブサイトや広報紙の広告欄に活動実績者・団体の掲載欄を設ける，公共施設のネーミングライツの無償使用を許可する，さらには法人住民税の減免措置のようなインセンティブを与えることも考えられる。

■　参考になる表彰事例

　愛知県では，2009年度より多文化共生を普及啓発するために「**愛知県多文化共生推進功労者表彰**」が行われている。

　これは，多年にわたり多文化共生社会づくりに取り組んできた個人または団体で，その功績の顕著なものを表彰するものである。外国人県民と日本人県民との交流事業等を通じた，相互理解を促進する優れた活動などに功績のある日本人や外国人が対象となる。

　浜松市では，優れた先駆的・継続的な多文化共生活動を行う市民や団体等を表彰することで多文化共生社会づくりを継続的に推進するために，「**はままつ多文化共生活動表彰制度**」を2018度に創設している。

　また，（公財）静岡県国際交流協会が，創立30周年記念事業として，静岡県内で国際交流及び多文化共生の推進に係る活動を行う団体・個人を対象に表彰を行った。先進的かつ創意工夫が見られる活動や取り組みについては，ウェブサイト等で紹介され，そのアイデア等を広く発信し，共有することでさらなる地域の国際化を図っている。

59 パートナーシップ会議

> 地域社会で生活・活躍していく上での課題や条件等を話し合う
> **定住外国人の会議**を創設する。首長に報告・提言を行う。

パートナーシップ会議の必要性

　定住外国人に対しても，同じ住民として，自治体への意見提出や参加の機会は保障されているが，少数なので，その想いや提案が伝わらない時がある（住民投票については，意見が別れている）。

　そこで，定住外国人が，活躍するという観点から，**パートナーシップ会議**をつくり，定住外国人の意見等を自治体の政策に反映させるものである。

　この会議の制度設計にあたっては，一方的な要望の場ではなく，定住外国人が，自らの手によって地域活性化を主体的に体現でき，積極的な活躍を後押しするような**創造型，提案型の会議**としたい。

パートナーシップ会議の概要

　この会議では，定住外国人が，地域社会で生活する中での課題や活躍するための条件等を話し合い，その内容を首長に報告・提案を行う。

　会議体の政策形式は，安定性等を考えると地方自治法138条の4第3項に規定される附属機関として条例に基づいて設置するのが好ましいが，規則や要綱でも設置は可能である。

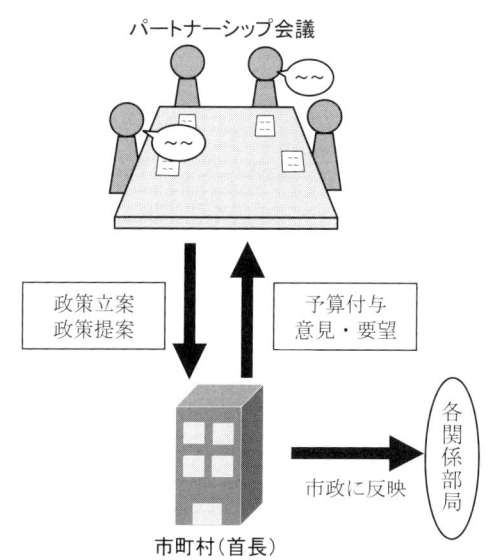

パートナーシップ会議

政策立案
政策提案

予算付与
意見・要望

市政に反映

各関係部局

市町村（首長）

川崎市の外国人市民代表者会議

　川崎市では定住外国人を地域社会づくりのパートナーと位置付け，1996年に外国人市民代表者会議を条例で設置している。公募で選考された代表者は，外国人市民の代表として職務を遂行することとなる。

　代表者会議の運営は自主的に行われ，地域社会で生活する中での問題などを話し合い，提言としてまとめ，市長へ申し出ることができる。

　成果としては，実際に提言が市政に活かされ，川崎市居住支援制度の創設，外国人市民情報コーナーの設置，外国人向けの窓口や，問い合わせ先一覧の配布などが，実施されている。

60 自治体間連携

> 外国人が集住する**自治体間で連携**し，課題解決に向けた情報交換や国への政策提言を行うなどの取り組みが有効である。

外国人集住都市会議

ニューカマーと呼ばれる南米日系人を中心とする外国人住民が集住する自治体の関係者が集まり，多文化共生への課題を話し合うことを目的にした**外国人集住都市会議**が，2001年に浜松市で開催された。

以降，毎年会議を開催しており，2019年4月1日現在，浜松市のほか，群馬県太田市・大泉町，長野県上田市・飯田市，愛知県豊橋市・豊田市・小牧市，三重県津市・四日市市・鈴鹿市・亀山市・岡山県総社市の13の自治体で構成されている。

外国人住民に関わる諸課題は広範かつ多岐にわたっており，国・県及び関係機関への提言や，同じような課題を抱える複数の自治体で広域的に連携して取り組むことで，地域の問題だけにとどめず，社会全体の問題として認知させることに寄与している。

これまでの提言から

外国人集住都市会議でこれまでに話し合われてきた内容を振り返ると，多文化共生社会の実現に向けた教育・社会保障・在留管理・地域コミュニティに関する課題が見えてくる。

ここでの研究，提言・要望の成果の1つとして，2012年7月に

外国人住民に係る住民基本台帳制度が施行されたことが挙げられる。

　また，会員自治体間で「災害時相互応援協定」を締結し，被災した会員自治体単体では言語支援などが困難な場合に，相互に応援を行えるよう防災体制の整備を図るなど，社会情勢の変化を踏まえ，生活者としての外国人に対する支援の必要性を示唆している。

　会員自治体は，基礎自治体として，増加する外国人住民を受け入れ，安心した生活に必要な行政サービスを提供し，共にまちづくりを進めているが，財政負担など単独では対応が困難な状況にあり，国としての外国人施策の推進のため，（仮称）外国人庁の設置を求めている。

　このように，現場の抱える課題を自治体間が，連携して考え，結束して国に提言することは，課題解決の手段として有効なものといえる。

■　広域連携のメリット

　たとえば，災害時の協定のように，自治体単独で取り組むには財政面・人的資源の面で困難が伴う場合に，近隣自治体間で広域的に連携することで，それぞれの強みを活かした合理的な支援が可能となる。

　広域的な連携は，災害時のみならず，生活圏域を同じくする外国人住民の相談窓口を共同で運営したり，定住外国人向けの支援制度を広域で実施するなど，スケールメリットを活かした取り組みに応用することも可能である。

61

関係団体間での連携

> 定住外国人の活躍を支えるには，さまざまな**組織・機関が連携**
> し，それぞれの強みを発揮する必要がある。

個々の単独的な施策では成功しない

在留手続き，雇用，医療，福祉，出産・子育て・教育など，定住外国人が抱える課題に対応するため，その支援を行う公，共，民の組織がある。これら組織が互いに連携し，それぞれの長所を活かして，定住外国人の活躍をサポートすれば，大きな力になる。

連携すべき組織

この連携には，次のようなさまざまな立場の組織の参加が望まれる。

- 行政組織（都道府県，市町村）

  企画や調整，環境整備等

- 経済関係団体（商工会議所など）

  雇用関係等

- 学校組織（大学，日本語学校など）

  日本語指導等

- NPO（在日外国人支援協会，外国人総合支援協会など）

  生活支援等

- 国際交流団体（国際交流協会など）

  日本人との交流促進等

外国人留学生支援に特化した組織 FISSC

　　　各業界単位ではなく，その枠を超え，互いに連携し一体となり施策を実施している先進事例として，福岡県留学生サポートセンター（FISSC）がある。

　この組織は，ターゲットを留学生とし，県内の留学生支援情報を一元的に集約し提供するとともに，従来の支援策を発展させ，新たな取り組みを進めるため，産・官・学と地域社会が一体となり，留学生を入学前から卒業後まで一貫してサポートするために，2008年に設立された組織である。

　学，自治体，経済界，民間国際交流団体などが協議会というかたちで運営している。

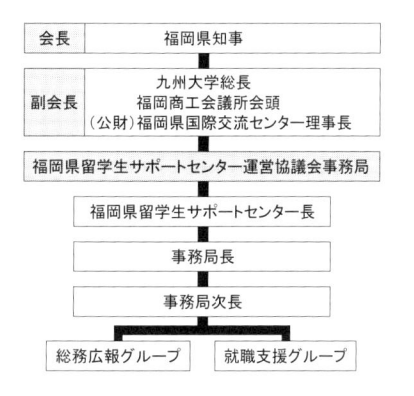

　主要施策の就職支援事業により，地域企業に留学生の能力を積極的に活かそうとする環境が整ってきている。

　また，交流促進事業では，新入留学生がスムーズに地域へ溶け込むことを手助けし，留学生が住みやすい地域づくりに対して大きな役割を果たしている。

　このような留学生への手厚い支援実施の成果もあり，福岡県では留学生が年々増加している。

【MEMO】

第９章
定住外国人活躍政策の体系(4)
——持続——

62　国の方針の明確化

63　人材の確保・育成

64　次世代教育

65　広域連携機関の設置

66　定住外国人基本法の制定

国の方針の明確化

> 国に求められているのは，**方針の明確化**と自治体が定住外国人活躍のための諸施策を実施するための**環境整備**である。

国の方針

国は2018年7月に閣議決定された「**外国人の受入れ環境の整備に関する業務の基本方針**」において，増加していく定住外国人について，多言語での生活相談の対応，日本語教育の充実など外国人の受け入れ環境の整備に係る取り組みを政府全体として強化する基本的方針を示した。

また，2018年12月，政府は「**外国人材の受け入れ・共生のための総合的対応策**」を発表した。これは従来，自治体，NPOなどに依存してきた在留外国人に対する支援に対して，政府として本格的に関与する姿勢を示したものといえる。

まち・ひと・しごと創生基本方針2019

2019年6月に閣議決定された「**まち・ひと・しごと創生基本方針2019**（内閣官房・内閣府）」では，「海外から稼ぐ」地方創生の取り組みとして，地方ならではの農林水産物や観光資源を海外に売り込むために，外国人材の知見・ノウハウの活用を検討することが示されている。

また，外国人を含めた共生するまちづくりの取り組みとして，在外の外国人材と地方自治体との円滑なマッチング，地域におけ

る外国人材の活躍と共生社会の実現を図るための地方自治体の自主的・主体的な取り組みの支援策も示されている。

地域が施策展開を図るための環境整備

　国は，定住外国人が日本社会の一員として円滑に生活ができるよう，基本方針や総合的対応策を示し，外国人受け入れの環境整備を強化している。しかし，国という立場上，定住外国人の生活に寄り添うような具体的・実効性のある施策を行うのは難しい。

　そこで，地域で暮らす外国人への対応は，外国人が暮らす自治体，特に市町村の役割となってくる。

　これは地域の実情に即した工夫やノウハウが生まれてくるというメリットがある反面，制度，法令上の裏付けや予算措置が不十分なため，自治体が独自で取り組んでいくには限界がある。

　国においては，市町村が外国人受け入れ施策の展開を図るための環境整備をさらに推進していくとともに，地方創生推進交付金等による**市町村への財政的支援**も併せて拡充していくことが求められる。

PICK UP!　岡山県美作市の取り組み

　岡山県美作市では，少子高齢化等の影響により日本人の人口が減少する中，外国人，特にベトナム人の技能実習生増加に着目し，ベトナムをメインターゲットとした地域活性化のためのさまざまな施策を行っている。

　具体的な施策として，ベトナム人材を情報発信・まちづくりコーディネーターとして，市内に在住する日本人，外国人住民の双方のケア，企業・市民の外国人材受け入れに対する機運醸成等に取り組み，定住人口の増加や地元企業の活性化につなげている。

63 人材の確保・育成

多様な組織との連携を図る人材や外国人の立場に**寄り添える人材**を確保・育成するための仕組みづくりが重要である。また，行政職員にも同様な調整能力が求められてくる。

コーディネーターや母語支援者の需要は増加する

定住外国人による活躍を一過性のものとせず，推進・持続的なものとするためには，活躍施策の政策理念を正しく理解し，課題解決や創造に向けて，多種多様な人々・組織との連携を形成し，活躍を後押しできる人材（**コーディネーター**）や，定住外国人の言葉・立場・文化違いに寄り添って支援ができる人材（**母語支援者**）が必要不可欠である。

一般人材の確保と育成を行う仕組みを構築する

これらの人材の確保については，一般公募のほか，留学生を受け入れている大学や，外国語学部・学科のある大学，国際交流協会など，語学能力に優れている者や日常的に定住外国人に接する機会がある者が多く在籍する機関に照会をかける方法などが考えられる。

また，コーディネーターの候補となる人材には，細やか調整能力が求められるため，NPO法人や大学機関が実施する，多文化共生に係るコーディネーター養成講座などの受講を支援し，育成を行っていくことも大切である。

行政職員のコーディネーター能力養成も重要となる

活躍の場は，福祉，観光，防災など，さまざまな部門にまたがるため，庁内の関係部署を横断的につなげることができるよう，職員側にもコーディネーターの役割を担う者（**推進職員**）が必要となるだろう。

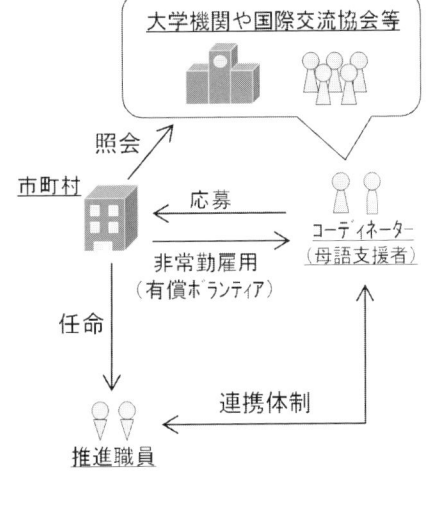

多文化共生に係る担当職員をはじめ，日常業務の中で定住外国人と接する機会が多い，戸籍，福祉，税務といった部署の職員などに対しても研修を行い，行政，団体，住民，企業等との円滑な連携体制を構築していくべきである。

PICK UP!

市民協働推進員（神奈川県逗子市）

逗子市では，2010年より，一般人材による市民協働コーディネーターの配置と併せて，市民とのつながりのある部署の職員を対象とした「市民協働推進員」の任命・配置を実施している。

任命を受けた職員は，コーディネーター能力の養成に係る研修を通じて，組織間の連携と市民との協働が図られるよう，取り組みを行っている。

---

64 次世代教育

「日本人と定住外国人が互いの個性を理解し活かすことで，よりよい地域社会を築くことが可能である」という認識に触れる**教育カリキュラム**を構築していくことが求められる。

多様性（ダイバーシティ）への理解を深めることが大切

地域のグローバル化が進む中，将来を担う子どもたちに対し，多様性（**ダイバーシティ**）への理解を育んでいくことも，重要である。

次世代教育については，異文化と接したことがない日本人の児童生徒を主な対象としたカリキュラムと日本人・外国人児童生徒の双方に対して，多様性を持った地域社会への認識を深めさせるカリキュラムが求められる。

異文化を理解するためのカリキュラム

日本人児童生徒の中には，異文化と接する機会がなかったものもいる。

そこで，地域に暮らす定住外国人を異文化講師として招き，言葉や他国の習慣について，遊びや会話を通して触れ合えるといった，導入のカリキュラムを構築していくことが大切である。

異なる国や民族の文化や生活習慣を持つ人々が，自分たちの周りで大勢生活をしていることを自覚し，その違いを当たり前だと思えるような環境づくりが，次世代教育の最初の工程といえる。

活躍推進へ向けたカリキュラム

　日本人・外国人児童生徒の双方に対して，**多様性を持った地域社会**への認識を深めさせる，教育カリキュラムを構築することも重要である。

- 実際に身近な地域で活躍する定住外国人を学校に招き，外国人だからこそできたこと，外国人と日本人が協力し合うことで生まれたことなどをテーマとした話をしてもらうことで，地域の中に多様な人材がいるという価値を知る機会とする。

- 外国人児童生徒が，地域の中で活躍する外国人の実例に触れることで，「母語と日本語を両方習得することで，将来の進路や職業の選択肢も広がる」という，自己の確立につなげる。

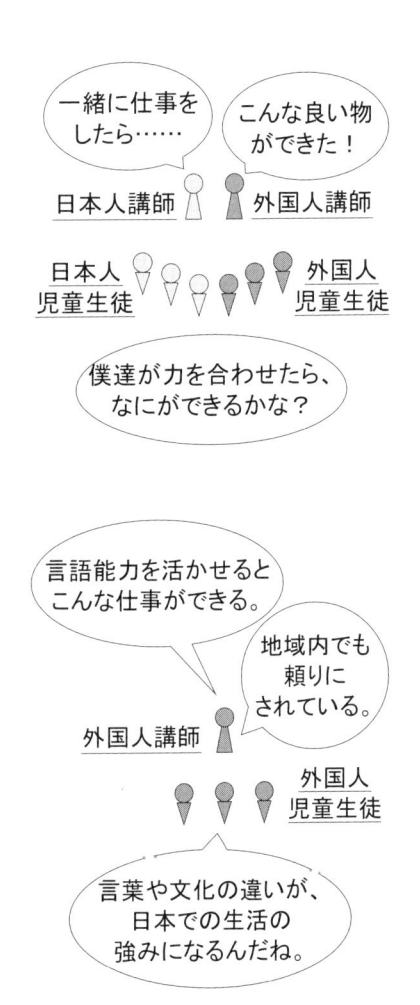

65 広域連携機関の設置

> 単独での施策実施が困難な市町村も想定される。外国人材の確保・育成・派遣などを行う，**広域連携組織**の設置が必要である。

外国人材派遣システムによる広域マッチング支援

　広域連携機関の第1の役割は，都道府県内における，**人材の登録及び派遣制度**である。外国人材やコーディネーターを登録し，市町村からの要望に沿った人材を派遣する。

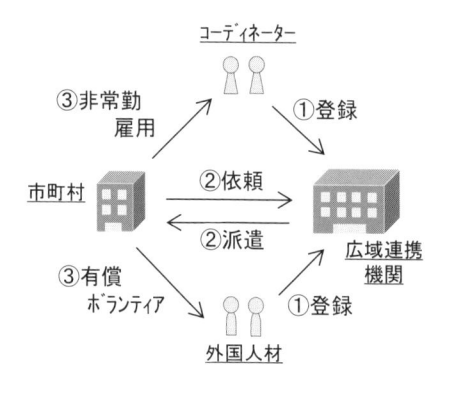

　市町村は，派遣された人材を，非常勤職員や有償ボランティアとして雇用することで，地域内の課題解決や活性化を図ることが可能となる。

人材育成の拠点としての役割

　広域連携機関の第2の役割は，**人材の育成**である。

　大学や日本語学校等が身近にない自治体や，外国人住民が少ない（総人口に占める割合が小さい）などの理由で，定住外国人政策の優先度が低くなりがちな自治体では，単独で人材の育成を行うことが難しい。広域連携機関には，所管地域内の行政職員や住民を

対象とした，コーディネーター養成研修等を実施するなど，活躍の機会を平等に整備するための役割を担ってもらう。

多様な機関による運営体制の構築

都道府県，市町村，学術機関などの多様な関係機関との，効果的な情報供給，連携体制を図るため，次のような運営体制を提案したい。

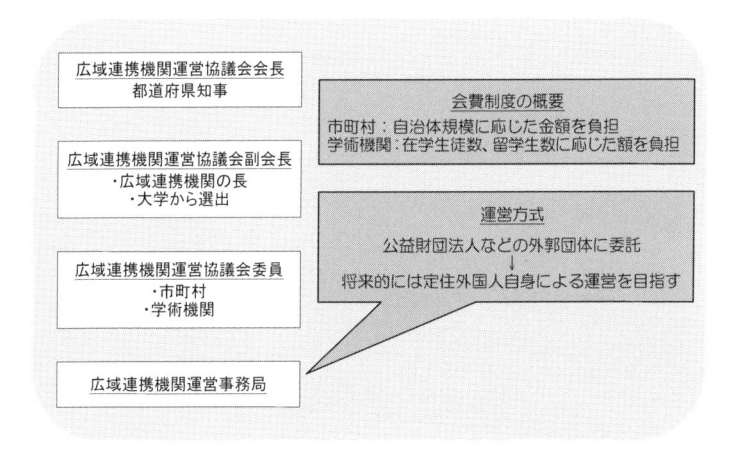

広域連携機関の運営体制については，都道府県及び市町村，そして今後も増加が見込まれる留学生が在籍する大学等による連携を想定している。

設置及び管理については都道府県が行うものとし，実際の運営については公益財団法人などの外郭団体に委託する方式が効果的と考える。

運営の資金については，市町村が自治体規模に応じた会費を，大学等が在学学生数・留学生数に応じた会費を負担するものとしたい。

66 定住外国人基本法の制定

今後，ますます外国人の流入，定住化が進む中で，定住外国人が日本社会の一員として，尊重され，活躍していくには，**定住外国人基本法**の制定が必要である。

定住外国人等基本法（仮称）の制定

ますます進む外国人の流入，定住化は，日本の将来のあり方に重大な影響を及ぼす可能性がある。それゆえ，先進的な地方自治体やNPOの活動に委ねるのではなく，国全体として本格的に関与していく必要がある。

定住外国人の包摂，社会統合の推進は，日本社会にとっては，未体験かつ困難な作業であるので，それには未来に向けての明確なビジョンと定住外国人等の日本社会での位置付けを明示する必要がある。

このような重要な方針決定は，行政内部の指針ではなく，法律によるべきである。「**定住外国人等基本法（仮称）**」の制定が必要である。

在留外国人等基本法の提案（円卓会議）

民間有識者からなる「**外国人材の受入れに関する円卓会議**」より，「在留外国人等基本法」に関する提案があった（2019年3月）。

法律案は，目的，基本理念，関係者の責務，基本方針，計画の策定，諮問委員会，啓発，情報の収集・提供等で構成されている。

「在留外国人等基本法」の要綱案（概要）

1. 基本理念
   (1)在留外国人等が日本社会の一員として多面的な貢献を行う可能性を有する存在である。
   (2)在留外国人等も生活者として多様なニーズを有し，社会と係わる。このライフステージを包括する取組みが必要である。
2. 国及び地方公共団体の責務
   国及び地方公共団体は，在留外国人等に関する施策を総合的に策定し，これを実施しなければならない。
3. 日本国民及び在留外国人等の責務
   (1)日本国民は，在留外国人等との協力，共生の推進に寄与するよう努めなければならない。
   (2)在留外国人等は，日本社会の一員として日本国民と協同，連帯し，安全で安心な地域社会の維持に寄与し，共生社会の実現に向けて積極的に社会参画・参加するよう努める。
4. 基本方針及び計画の策定
   (1)政府は，在留外国人等の受入れと，就労，生活及び社会参画等のための施策の総合的かつ計画的な推進を図るため，基本方針とそれに基づく基本計画を5年おきに策定する。
   (2)都道府県及び市町村は，それぞれの実情に応じて，在留外国人等の就労，生活及び社会参画等の計画を策定する。
5. 啓発活動
   関心と埋解を深めるために必要な啓発活動を行う。
6. 情報の収集，整理及び提供
   国内外における在留外国人等に関する情報の収集，整理，提供等を行う。

おわりに

「研修でまとめた成果を，皆で本にしてみないか」。

松下先生よりそんな声が掛かったときは，貴重な経験ができそうだなぐらいの気楽な気持ちでしたが，実際に作業を始めてみると，業務後の執筆活動は思いのほか過酷で，しんどさの連続でした（特に，原稿の締切りのころに，台風19号がやってきてしまい，徹夜で避難所運営をやったあとに，執筆作業みたいな……このときは本当にもうクタクタになりました）。

それでも，1つの成果として，本書を世の中に送り出すことができたという経験は，我々にとって本当に貴重な財産となりました。このような機会を設けて頂いた先生に，改めて，感謝の気持ちを申し上げます。

さて，定住外国人活躍政策は，女性や若者の社会参画促進といった政策課題と似通った側面もありますが，対象が外国人ということで，法制度上の違いや，また市民の理解や合意という点でも大きく異なっていて，難易度の高い政策課題といえます。

また，我々，行政職員は，ついつい自分たちの土俵内に物事を引き入れて考えがちですが，定住外国人活躍政策は，彼らの「多様性」を潰すことなく活かしていく政策で，我々，行政においても，変化を恐れない抜本的な意識改革が求められます。その意味でも，難易度が高い政策課題です。本書を読むことで，「自分の住んでいる街にも定住外国人が増えてきたけど，どうやって受け入れればいいのだろう」「トラブルが増えたりしたらどうしよ

う」といった不安が、「これから彼らとどんな街づくりをしよう」「今までできなかったことができるようになりそうだな」なんて、期待に胸躍る考えに変われば、またその1つのきっかけとなれば幸いです。

　令和2年5月

神奈川県政策形成実践研究会
瀬 戸 航 平 (座間市)

■著者略歴

松下 啓一 （まつした けいいち）

元相模女子大学教授。専門は現代自治体論（まちづくり，NPO・協働論，政策法務）。

主要著作

『自治基本条例のつくり方』（ぎょうせい），『新しい公共と自治体』（信山社），『政策条例のつくりかた』（第一法規），『協働が変える役所の仕事・自治の未来——市民が存分に力を発揮する社会——』（萌書房），『励ます地方自治——依存・監視型の市民像を超えて——』（萌書房），『若者自治体政策・愛知県新城市の挑戦——どのように若者を集め，その力を引き出したのか——』（共編：萌書房），『現代自治体論——励ます地方自治の展開・地方自治法を越えて——』（萌書房），『事例から学ぶ若者地域参画成功の決め手』（第一法規），『励ます令和時代の地方自治2040年問題を乗り越える12の政策提案』（木鐸社）ほか

神奈川県政策形成実践研究会

瀬戸 航平 （せと こうへい）

1988年生まれ。2015年座間市役所入庁。現在，企画財政部市民税課所属。

重田 隼平 （しげた じゅんぺい）

1982年生まれ。2006年茅ヶ崎市役所入庁。現在，福祉部保険年金課所属。

露木 雄太 （つゆき ゆうた）

1986年生まれ。2009年平塚市役所入庁。現在，市長室広報課所属。

佐々木 大輔 （ささき だいすけ）

1980年生まれ。2004年平塚市役所入庁。現在，総務部固定資産税課所属。

権守 幸栄 （ごんもり ゆきえ）

1975年生まれ。2005年鎌倉市役所入庁。現在，健康福祉部生活福祉課所属。

野田 維征 （のだ ただゆき）

1974年生まれ。2001年小田原市役所入庁。現在，福祉健康部生活支援課所属。

青木 義則 （あおき よしのり）

1983年生まれ。2007年大井町役場入庁。現在，企画財政課所属。

加藤 俊彦 （かとう としひこ）

1978年生まれ。2002年湯河原町役場入庁。2019年に退職。現在，きまぐれファーム（農業）代表。

定住外国人活躍政策の提案

──地域活性化へのアクションプラン──

2020年7月10日　初版第1刷発行

著　者　松　下　啓　一
　　　　神奈川県政策形成実践研究会

発行者　白　石　德　浩

発行所　有限会社 萌　書　房
　　　　　　　　　きざす

　　　　〒630-1242　奈良市大柳生町3619-1
　　　　TEL (0742) 93-2234 ／ FAX 93-2235
　　　　[URL] http://www3.kcn.ne.jp/~kizasu-s
　　　　振替　00940-7-53629

印刷・製本　モリモト印刷株式会社

ISBN978-4-86065-138-1